Gabriella Fiori

Simone Weil
Una mujer absoluta

Adriana Hidalgo editora

Fiori, Gabriella
 Simone Weil - 1ª. ed.
 Buenos Aires : Adriana Hidalgo editora, 2006.
 232 p. ; 19x13 cm. - (Biografías y testimonios)
 ISBN 987-1156-40-5
 1. Weil, Simone-Biografía.
 I. Mattoni, Silvio, trad. II. Título
 CDD 921

biografías y testimonios

Título original:
Simone Weil - Une femme absolue

Traducción:
Silvio Mattoni

Editor:
Fabián Lebenglik

Diseño de cubierta e interiores:
Eduardo Stupía y G. D.

© Editions du Félin, 1993
© Adriana Hidalgo editora S.A., 2006
Córdoba 836 - P. 13 - Of. 1301
(1054) Buenos Aires
e-mail: info@adrianahidalgo.com
www.adrianahidalgo.com

Impreso en Argentina
Printed in Argentina
Queda hecho el depósito que indica la ley 11.723

Prohibida la reproducción parcial o total sin permiso escrito
de la editorial. Todos los derechos reservados.

Cet ouvrage, publié dans le cadre du Programme d'Aide à la Publication Victoria Ocampo, bénéficie du soutien du Ministère français des Affaires Etrangères et du Service de Cooperation et d'Action Culturelle de l'Ambassade de France en Argentine.

Esta obra, beneficiada con la ayuda del Ministerio francé de Asuntos Extranjeros y del Servivio de Cooperación y Acción Cultural de la Embajada de Francia en la Argentina, se edita en el marco del programa de ayuda a la publicación Victoria Ocampo.

Simone Weil

Lista de abreviaturas utilizadas

Esta lista remite a las obras de Simone Weil y otros autores citadas en el texto y en las notas.

Obras de Simone Weil

AdD	Espera de Dios
CI, II, III	Cuadernos I, II, III
CO	La condición obrera
CS	El conocimiento sobrenatural
E	El arraigo
EdL	Escritos de Londres y últimas cartas
EHP	Escritos históricos y políticos
OL	Opresión y libertad
P-V. S.	Poemas, seguidos de Venecia salvada
PsO	Pensamientos sin orden referidos al amor de Dios

Obras de otros autores

Pétrement I, II - Simone Pétrement, *La vida de Simone Weil*, 2 vol.

"Actas" - Alain, filósofo de la cultura y teórico de la democracia, actas del coloquio "Vigor de Alain, rigor de Simone Weil", Cerisy-la-Salle, 21 de julio-1º de agosto de 1974.

CSW - *Cahiers Simone Weil*, revista trimestral publicada por la Association pour l'étude de la pensée de Simone Weil avec le concours du CNL et de la Ville de Paris.

Advertencia

a las presencias del amor

Este libro no es un estudio, es una inmersión. Simone Weil no podría ser un objeto de estudio; está demasiado viva, es demasiado eternamente joven y violenta para ello. No es posible analizarla, ni clasificarla, ni compararla. Es una fuerza catalizadora, una fuente, una corriente de energía que puede atravesar nuestra vida obligándonos a plantearnos preguntas esenciales, la primera de las cuales sería ésta: "¿Cuál es el sentido de mi vida?". Se puede tratar de responder, o eludir la pregunta. Podemos buscar sus libros (algunos presentes entre nosotros en ediciones de bolsillo, otros inhallables), leerlos, releerlos, recorrerlos, combatir con ellos, aceptar sus terribles exigencias, o bien arrojarlos si la palabra espiritual resulta demasiado intensa. Y no saldremos indemnes de semejante encuentro.

Es un amor femenino, fecundo, es un eros poderoso que se abre camino a través de los laberintos de nuestra civilización industrial y les vuelve a dar vida con una nueva visión de la inteligencia. Con su corta vida (treinta y cuatro años), con su combate solitario, Simone Weil inició la gran obra de curación de Occidente. Más allá de los numerosos naufragios que nos han sumergido, como las dos guerras mundiales, ella aporta valores muy actuales que no debemos dilapidar. Simone Weil aplicó en su obra un nuevo discurso del método, que adquiere múltiples resonancias cuando se sabe escucharlo. Entraremos pues en otra dimensión, experimentaremos una especie de dilatación progresiva del alma que invadirá todo nuestro ser. Su acercamiento natural a lo sobrenatural provocará en nosotros una profunda reacción interior, una progresiva apertura a la luz. Continuamos con ella ese trabajo en busca de nuestras más grandes dimensiones del ser.

Gabriella Fiori

I. Frente al mundo: la meditación y el desgarramiento

En Londres, durante los últimos meses de su vida, Simone Weil le escribía a su antiguo camarada Maurice Schumann:

"...Su comprensión se expresa mediante elogios totalmente inadecuados con respecto a mí... El hecho de que a propósito del pensamiento puedan emplearse palabras como superioridad e inferioridad muestra hasta qué punto respiramos una atmósfera podrida...

Una comida no se compara, se come. Del mismo modo, las palabras escritas o pronunciadas se comen en la medida en que son comestibles, es decir, en tanto que contengan la verdad. No tienen otro destino" (1).

La Segunda Guerra Mundial tocaba a su fin, con la aparente victoria de los aliados, pero en realidad con la derrota tanto del sistema totalitario como del sistema democrático.

La joven francesa, entonces redactora para la Francia combatiente, se hacía encerrar en su escritorio y escribía noche y día. Era urgente para la "curación" de Europa. La "enfermedad interna" que la corroía desde la guerra de 1914 debía ser descubierta y diagnosticada. No había que mentirse creyendo estar del lado de la victoria o de la civilización ilustrada que se habría impuesto a la barbarie. Entre los escritos extremadamente numerosos de esa época (fines de 1942-primavera de 1943), casi sin tachaduras, está el texto: "Esta guerra es una guerra de religiones". Como la mayoría de las obras weilianas, aparecerá póstumamente (2).

La causa principal de la enfermedad que ha estallado en Europa es la supresión del problema religioso en el seno del hombre. El problema religioso coincide con el problema de la elección entre el bien y el mal, esa pareja de opuestos que el ser humano debe enfrentar desde siempre. Por medio del conocimiento y la experiencia, el hombre creyó alcanzar la libertad de poder hacer el bien y el mal a voluntad. Esa libertad es como una "brasa ardiente" en manos de un niño y ese niño procura librarse de ella. En el curso de los siglos, utilizó dos métodos. Uno es el método "irreligioso" que niega la oposición entre el bien y el mal; dicho método, que se funda en el principio de que "todo vale", le quita al hombre su "esencia misma" que es el "esfuerzo orientado" y lo precipita en el *tedio*: ese tedio que inundó a Europa luego de la guerra de 1914. El otro es el método "idólatra", por lo tanto, religioso en el sentido de un culto exclusivo por una realidad social disfrazada de divinidad. Consiste en delimitar un recinto donde los dos contrarios, el bien y el mal, no tienen "derecho a entrar", y captura al ser humano (científico, artista, sacerdote, soldado) con la ilusión de que está exento de toda responsabilidad ética por fuera de ese recinto que lo protege. Los dos métodos llevaron a Europa a la perdición; el primero ocasionó su descomposición, y el segundo causó la destrucción totalitaria. Ambos son igualmente causa de *locura*, en el sentido médico del término.

Es la pérdida del alma, disuelta por el tedio, degradada por la idolatría. No obstante, felizmente el ídolo es perecedero. La ilusión del poder se desvanece. El folklore está lleno de historias de gigantes que escondieron su alma en un sitio secreto y custodiado por dragones, pero que la perdieron, porque en general el gigante comete "la imprudencia" de esconder su alma "en este mundo". "Para tener seguridad, hay que esconder el alma en otro lugar."

Simone Weil explora un tercer método: *la mística*.

"La mística es el paso más allá de la esfera donde el bien y el mal se oponen, por la unión del alma con el bien absoluto."

Es una unión amorosa, real, luego de la cual el alma se torna "distinta para siempre". El alma debe dar su consentimiento a Dios para que esa transformación sea efectuada. ¿Qué es Dios? Es "lo infinitamente pequeño... el grano de mostaza, la perla en el campo, la levadura en la masa, la sal en el alimento". Y en la vida de un pueblo así como en la vida de un alma, "se trata de poner eso infinitamente pequeño en el centro" (3).

Tal es la esencia de la búsqueda weiliana.

***

¿Quién fue Simone Weil? París, 3 de febrero de 1909-Ashford (Kent), 24 de agosto de 1943. Esas dos fechas delimitan la corta vida (34 años) de una mujer inclasificable, inapresable. No tuvo ninguna función privada: no se casa, no tiene hijos. Tampoco tuvo una función pública: su enseñanza de filosofía en los liceos de señoritas fue de corta duración, los medios oficiales estaban descontentos con ella. No tiene una bandera o idea política (en la Escuela Normal la llamaban "la virgen roja" y esa expresión encerraba un contraste). Militó en las minorías avanzadas de izquierda desde los años 1930, con una solidaridad notable, pero nunca llegó a inscribirse en el Partido Comunista (cuando tenía dieciocho años, una carta de adhesión inconclusa anduvo rondando por mucho tiempo en su habitación (4)).

Sin embargo, en el curso de su vida dentro de la escena francesa de entreguerras y más fuertemente aún luego de su muerte, dentro de la escena europea en el momento de la publicación de *La gravedad y la gracia*, la antología de sus cuadernos de 1947, hubo un *personaje* Simone Weil. Un personaje en el sentido de persona extraña, provocadora, molesta, y a la vez protagonista, a quien hay que tener en cuenta, que interpela, que obliga a pensar. Su inteligencia genial que no daba respiro ("hablaban hasta tarde a la noche, ella y Urbain", me dijo Albertine Thévenon, "¡pero yo no aguantaba!") a la vez fascinaba y cansaba. Semejante inteligencia en una mujer la volvía aún más extraña para los demás. La muchacha con sus sandalias y los pies desnudos, aun en pleno invierno, con la capa holgada ("Un cono de lana negra, un ser absolutamente sin cuerpo", dice de ella el poeta Jean Tortel), no llevaba sombrero y fumaba con ganas, apuntando el extremo encendido del cigarrillo hacia la palma de su mano. Para una velada en la ópera había aceptado vestirse de smoking igual que un hombre, excepto por la falda (5); y a una colega que le aconsejaba discretamente que se cambiara una blusa ya demasiado sucia, ella le había respondido casi llorando: "No puedo"(6).

Surreal: "Ella cruza la calle como en sueños; dice que hay un encantamiento que la protege". Tenía "una especie de carácter *arcangélico*. Nunca un alma tan deslumbrante pareció menos encarnada" (7). "Ella corría por la playa como una loca. Entraba al agua con sus grandes faldas, toda mojada, sin impermeable..." Logró convencer a Marcel Lecarpentier de subirla a bordo de su barco pesquero, y pasaba la noche "copiando el dibujo de las estrellas en su cuaderno de notas". Cansadora: "En torno a ella", dice Clémence Ramnoux, "siempre había tumulto, agitación, desorden. Siempre tenía que dar órdenes, comprometerte en manifestaciones, incitarte a firmar o a distribuir panfletos". Y Marie-Madeleine Davy: "Era íntegra y tenía mal carácter. Chocábamos y nos peleábamos. Tenía un sentido social que yo nunca tuve ni tendré" (8). Porque Simone Weil también era alguien que no firmaba nunca una declaración si no la había sopesado o redactado ella misma palabra por palabra; de hecho, "solamente así estaba segura de que estaba de acuerdo con el texto" (9); Boris Souvarine decía de ella: "Es el único cerebro que ha tenido el movimiento obrero en años" (10). Fue "la niña" que se atrevió a enfrentar a Trotsky, reprochándole su conducta política, sin alzar nunca la voz, a tal punto que Trotsky, ofendido, terminó diciéndole: "Si usted piensa así, ¿por qué nos alberga? ¿Acaso es del Ejército de Salvación?" (11). Fiel a sí misma, también era autora de artículos de una independencia penetrante y total en las revistas de avanzada de la época, desde *Libres propos* a *La Révolution prolétarienne* y los *Nouveaux Cahiers* que ella contribuyera a fundar. Denis de Rougemont cuenta: "En las reuniones, mantenía su cabeza apoyada en un pupitre para aliviar su migraña, casi todo el tiempo, e intervenía de una manera contundente". Estuvo presente con una urgencia sin demora ("Estaba ocupándose de un tema cuando recibía una noticia, leía un artículo, visitaba una exposición; entonces tenía que partir, escribir, intervenir", dice Gilbert Kahn), con toda la intensidad de su sensibilidad mediúmnica ("Yo envidiaba un corazón capaz de latir a través del universo entero", escribió Simone de Beauvoir) y con un distanciamiento crítico de extrema exigencia en los puntos de tensión de su época. Sucesivamente, se tratará del movimiento pacifista de los estudiantes de Alain (1928-1929), de la vida sindical francesa y de la vida en las fábricas en Alemania antes de Hitler, de la guerra en España, del período anterior a la Segunda Guerra Mundial. Luego, durante la guerra en Marsella (1940-1942), será vendimiadora en las laderas del Ródano para unirse al trabajo en los campos, aportará su contribución a la Resistencia difundiendo la revista *Cahiers du témoignage chrétien*. (En esa época, va a surgir un elemento nuevo en su historia: Simone Weil, de ascendencia judía agnóstica, comienza a pensar en el bautismo cristiano.) Después, en los Estados Unidos, en Nueva York, llega hasta el entorno personal de Roosevelt para sostener un proyecto extremo que pueda devolverla a Europa, a través de Inglaterra, para estar junto a la Francia combatiente de Charles de Gaulle. Finalmente, desde su puesto de redactora en Londres, ofrece una contribución fundamental al proyecto de una nueva Constitución para la posguerra.

Los tiempos de su vida son rápidos: un mes en Berlín en casa de una familia obrera, en agosto de 1932; su enseñanza de filosofía, tres años y unos meses; un poco más de un mes en España; es obrera durante casi un año. La cantidad de sus escritos es enorme. La mayoría póstumos, son cartas de confesión autobiográfica, cuadernos de notas, ensayos, poemas, una tragedia inconclusa, testimonios; la mayoría han llegado a nosotros porque fueron pacientemente copiados por el padre y la madre de Simone mientras tuvieron fuerzas para hacerlo (12).

El primer impacto del público francés con el pensamiento de Simone Weil se dio en 1947, con la antología *La gravedad y la gracia*. Incluso para quienes la habían frecuentado durante los últimos años de su vida (sobre todo en Marsella), ese libro breve y muy denso revelaba una dimensión desconocida y perturbadora de ese personaje que seguía siendo misterioso más allá de su muerte en un sanatorio de la campiña inglesa. "Hay pensamientos insostenibles", escribe su gran amigo Pierre Honnorat (13). El libro desarrollaba temas en los que resonaba una interrogación de fondo sobre la relación entre el ser humano y el universo: "La gravedad y la gracia", "Vacío y compensación", "La necesidad y la obediencia", "La distancia entre lo necesario y el bien", "La atención y la voluntad", "La inteligencia y la gracia"...

El filósofo Gustave Thibon, a quien Simone Weil había hecho depositario de la reflexión filosófico-religiosa de su año y medio de vida en Marsella, tras reflexionar había decidido la clasificación por temas del contenido incandescente de once cuadernos. Además de que así el autor se mantenía impersonal, según el deseo que Simone le había expresado a Thibon en una de sus últimas cartas; un deseo que, como veremos, es un fundamento de la poesía weiliana.

"Para quien ama la verdad, en la operación de escribir, la mano que sostiene la pluma y el cuerpo y el alma que están unidos a ella, con todo su entorno social, son cosas de una importancia infinitesimal" (14).

"Devoramos *La gravedad y la gracia* porque ese libro satisfacía una necesidad mística y filosófica del momento", me dijo Guillaume de Tarde, del grupo de los *Nouveaux Cahiers*. Luego siguieron *El arraigo* y *Espera de Dios*.

El arraigo, título póstumo para el subtítulo weiliano "Preludio a una declaración de los deberes hacia el ser humano", provenía de la última época de su vida, en las oficinas de Londres. Gilbert Kahn le llevó el manuscrito a Brice Parain y Albert Camus. El libro apareció en 1949. Como derivación de los informes que Simone Weil proponía sobre la política que debía ponerse en práctica después de la Liberación, examina el cuadro de una sociedad nueva que pueda fundarse en "las necesidades del alma" y ya no en los mecanismos de opresión. Albert Camus, el póstumo amigo enamorado (siempre tenía una foto de Simone en su escritorio) que publicó la mayoría de sus obras, elogió el libro como "uno de los más importantes que han aparecido después de la guerra". ¿Por qué? Porque arrojaba "una poderosa luz sobre el abandono en que se debate Europa. Y tal vez hacía falta la derrota, el embotamiento que la siguió y la meditación que todo un pueblo emprendió en los años oscuros para que ideas tan inoportunas, juicios que trastocan tantas ideas aceptadas, que ignoran tantos prejuicios, puedan tener finalmente entre nosotros su exacta resonancia" (15). En su diario del 19 de octubre de 1949, Alain escribía: "Estoy leyendo un libro importante. Es *El arraigo* de Simone Weil. Importante para todos y muy importante para mí. Conozco a esa muchacha, la eduqué, lamenté su muerte, pero la lamento menos al pensar que deja este gran libro… Es un análisis completo de la sociedad moderna democrática y socialista… Estoy contento. Comprendo el silencio de esa terrible muchacha, que para mí seguía siendo enigmático" (16).

Espera de Dios, título póstumo, contenía las cartas y los ensayos espirituales que Simone Weil le había dirigido al padre Joseph-Marie Perrin, dominico. Tras haber "dudado mucho", este último los publicó en 1950. Las cartas, escalonadas entre los meses de enero y mayo de 1942, profundizan el diálogo sobre el bautismo que había comenzado entre ellos en junio de 1941. Al revelar en esas cartas "los rasgos más íntimos de su vocación, Simone parecía querer ofrecerle a su interlocutor los datos para una mejor comprensión de ella misma y para una lectura más precisa de sus textos" (17). Los ensayos espirituales, desde "Reflexiones sobre el buen uso de los estudios con miras al Amor de Dios", destinado al trabajo apostólico del padre entre los estudiantes católicos, hasta la compleja meditación sobre "Formas del amor implícito de Dios", y hasta el comentario sobre el *Pater*, iban en el sentido de un cristianismo que debe volverse católico "de hecho", es decir, "contener dentro de sí todas las vocaciones sin excepción" (18).

"Para poder estar presente en todas partes, como debe estarlo, la religión no solamente no debe ser totalitaria, sino que debe limitarse a su vez rigurosamente al plano del amor sobrenatural que es lo único que le resulta adecuado" (19).

Por el contrario, muchos católicos se vieron afectados, entraron en duda; muchas almas agnósticas —o inseguras— reconocieron su timbre, encontraron su momento. Sus amigos de la solidaridad sindicalista, aunque conservaban de ella "un afecto intacto y un recuerdo fiel", debían abandonarla en el umbral de su vía mística, que les resultaba "ajena" (20).

Los múltiples aspectos de su existencia empezaban a traslucirse. El contacto con la experiencia obrera, con la "desdicha social" de la cual hablaba en la Carta IV, "su autobiografía espiritual", de *Espera de Dios*, se describe plenamente en la crónica incisiva, realista e íntima a la vez del "Diario de fábrica". Cuando apareció *La condición obrera* en 1951, se tenía una primera síntesis poderosa de ese pensamiento compuesto de vida, de esa reflexión que se alimentaba de experiencia sin dejarla nunca atrás.

El industrial italiano Adriano Olivetti, al que llamaban "el utopista positivo", percibió de inmediato el valor seminal del pensamiento weiliano. Hizo aparecer, entre 1950 y 1954, en las ediciones de "Comunità" que había fundado en relación con una revista y un movimiento sociopolítico por fuera de los partidos, *La gravedad y la gracia*, *El arraigo* y *La condición obrera* en las traducciones de Franco Fortini, un poeta que fue el primero que introdujera a Weil en Italia. Dichos libros fueron también para él, en aquella época, una ayuda importante en el desciframiento de un "mapa de Europa que se mostraba arduo entre Kierkegaard y Kafka, entre Marx y Sartre", y hoy lo hacen pensar que Simone Weil "nos resulta necesaria en la medida en que para ella el tiempo vertical de la revelación y la gracia se entrecruza con el tiempo de la expectativa y la esperanza" (21).

En Inglaterra, *El arraigo* apareció en 1952 con el título *The Needs for Roots*, donde T. S. Eliot concluía su prefacio diciendo que ese libro pertenece al género de "prolegómenos de la política, libros que los políticos rara vez leen, y que tampoco podrían comprender ni aplicar". Razón por la cual, pensaba, "tales libros deberían ser estudiados por los jóvenes antes de que hayan perdido su tiempo disponible y que su capacidad de pensar haya sido aniquilada por el hábito de las tribunas y las asambleas parlamentarias. Los efectos se harán sentir —no podemos más que esperarlo así— en la actitud espiritual de una próxima generación" (22).

De hecho, Albert Camus había decidido publicar ese texto en la colección Espoir [Esperanza] que había fundado en Gallimard. Espoir tenía la meta de ser "un inventario" del mal de la época, el nihilismo; puesto que "ha llegado el tiempo en que debemos elegir", nombrando ese mal de la época para encontrar "su cura". Camus creía imposible "imaginar un renacimiento para Europa que no tuviera en cuenta las exigencias que Simone Weil definió en *El arraigo*". Esa mujer que había enarbolado orgullosamente "su gusto o más bien su locura por la verdad", superando así los prejuicios más naturales, había obtenido "la verdadera grandeza". "Grande por una capacidad honesta, grande sin desesperación." En cuanto a su soledad, se trataba de "la soledad de los precursores, cargada de esperanza" (23).

Para Marie-Madeleine Davy, Simone Weil es *profeta*, porque ha visto. "Simone Weil *sabía. Era la detención de la errancia.* Comprendió que el cristianismo debía ser vivido interiormente y que la exterioridad no cuenta. Se recobran entonces todos los valores, tanto los valores religiosos como los que conciernen a la patria y el mundo" (24).

Simone Weil *sabía*. En efecto, por medio de una vida que es a la vez múltiple hasta el borde de la dispersión y totalmente unificada por lo que podemos definir como su columna vertebral, *la coherencia*, Simone Weil nos ofrece una de las expresiones más puras de *vida consciente*.

Ella tiene dos modos principales de percepción del universo: *la atención* y *la acción*. Así fue que vivió y al mismo tiempo pensó todos los problemas clave que nos ocupan desde el final de la Segunda Guerra Mundial, o más bien los problemas que tal vez apenas acabamos de empezar a considerar con la importancia concreta de sus influencias en la vida cotidiana de todos y cada uno. Tales son: *la relación entre ciencia-tecnología y vida cotidiana; la guerra y la paz; patriotismo e internacionalismo; la sociedad y el individuo; las leyes de la libertad; la religión* en tanto que *adhesión a una Iglesia determinada* y en tanto que *vitalidad moral; la cultura* en tanto que *maduración* de las *semillas de vida* enterradas en el pasado y en tanto que *conocimiento y estudio de todos los aspectos del presente* que se van a comunicar y difundir entre todos los seres humanos a través de *la educación* (que estaba en la cúspide de sus pensamientos), para transformarlos en vida práctica, manera de actuar con respecto a uno mismo y con respecto a los demás.

Por su camino, que es una búsqueda del alma por el alma a través de su época, nuestra época "donde hemos perdido todo" (25), Simone Weil hallará que la aspiración religiosa es un rasgo estructural del ser humano y coincide con su "aspiración al bien". A través de un *pilgrim's progress* donde la exploración de lo real es acompañada por la exploración del yo, llegará hasta el extremo de la angustia humana y de allí hará surgir la necesidad de una religión viva, activa. Germinando en el interior del ser humano, dicha religión orienta toda la vida ética y política, impregna las relaciones humanas y las torna bellas. Es una religión de experiencia y no de autoridad; revive el pasado considerado como alimento en sus gérmenes de eternidad, pero no es una restauración, porque se extiende hacia el futuro y obra para alcanzar el universalismo de las religiones, "un cristianismo verdaderamente encarnado" (26). Allí está la sustancia. Debemos hacer visible la posibilidad de tal cristianismo mediante una forma de construcción urgente, que exige un *trabajo* en todos los niveles del ser. Dicha forma tiende también a un "lenguaje aceptable para católicos, protestantes y ateos". Es una *traducción* (veremos la importancia de este concepto para la escritura y la filosofía weilianas) "necesaria para romper los compartimientos estancos no solamente entre los hombres, sino dentro del alma" (27).

Simone Weil afirma la *vitalidad moral* del ser humano que acepta su aspiración al bien, lo que coincide con su único valor real, el de un alma que procura vivir todos los aspectos de su vida en la tierra en el nivel del *amor impersonal*. Dicho amor es la sustancia de la religión universal del futuro.

Tocamos así el centro del pensamiento weiliano en cuanto recurso, en el sentido en que el agua, el viento, la energía eléctrica son recursos. Su intensidad es muy elevada. Por tal motivo, sus contemporáneos se han apartado a menudo esquivando su interpelación. En cambio, me parece que es justo escuchar esa interpelación constante que ella se dirige y nos dirige, escucharla más allá de cualquier exceso de atracción o de irritación que también puede suscitar. Me parece que hay que tratar de abordarla despojadamente, deponiendo cualquier deseo de comparación, conclusión, definición, marco. Su lectura es una lectura de orientación, sigue abierta; particularmente con "el gran inventario de todos los pensamientos que la ocupan", los *Cuadernos*, es posible apropiarse de su escritura viva y continuarla "con otros pensamientos nuestros, si tenemos la fuerza para hacerlo" (28). Y a partir de allí, empezar, emprender nuestra propia búsqueda.

II. La fragilidad de ser y el alma del guerrero

Con todas sus acciones y todos sus pensamientos tales como podemos revivirlos en sus escritos, Simone Weil nos lanza dos desafíos: la libertad y el coraje. Pues ella fue un guerrero solitario y el combate ha sido su ritmo, su tono de vida; el combate de una vida consciente. Hizo converger todas sus energías morales en "el coraje de ser" contra las angustias que nos amenazan como individuos de esta época, en la afirmación espiritual y moral de uno mismo. Tales son la angustia ante la muerte, la angustia por el absurdo y la angustia por la condenación (1). Pertenecen a la existencia, remiten a su finalidad y pueden resumirse en una pregunta: "¿Qué sentido tiene mi vida?". La pregunta apunta a la relación de cada uno en tanto que es un *yo* con la verdad y en tanto que *ser social*, hombre o mujer sobre la tierra, con la existencia. Entender y responder a esta pregunta o dejar de hacerlo establece toda la diferencia entre vivir o vegetar. Simone Weil lo entendió muy tempranamente.

A los catorce años, "después de meses de tinieblas interiores" donde la angustia traduce la impotencia para alcanzar el "reino" de la verdad (que es "trascendente" y destinado a los "hombres auténticamente grandes"), llega a "una certeza" que ya no la abandonará: "Cualquier ser humano, aun si sus facultades naturales son casi nulas, puede penetrar en el reino de la verdad, con sólo desear la verdad y hacer perpetuamente un esfuerzo de atención para alcanzarla" (2). Lo cual quiere decir: si tiene siempre presente esa preocupación última en todas las circunstancias de su vida y si somete el deseo básico de ser a esa preocupación y con ello alimenta su voluntad. Lo que está en juego es la "verdadera vida", la vida que está aquí y al mismo tiempo está "ausente", en otro lugar. Esas dos dimensiones siempre están presentes en la vida y en la obra de Simone Weil, que asumió conscientemente la tarea inmensa de expresarlas a través de sus acciones y de su escritura. Al leerla hoy, advertimos los equilibrios que ella alcanzó en la medida que avanza nuestro crecimiento, y somos estimulados así en la comprensión de lo real. Durante su existencia, la orientación hacia lo absoluto de sus gestos y escritos sufrió los impedimentos y las interferencias de lo relativo. Pero es preciso vivir "como es conveniente" porque entonces el instante de la muerte será "el instante en que, por una fracción infinitesimal de tiempo, la verdad pura, desnuda, cierta, eterna, entra en el alma". Lo conveniente le es dictado a cada uno no solamente por las convenciones de la moral común, sino por "un impulso esencial y evidentemente diferente de aquellos que proceden de la sensibilidad o de la razón" y para cada uno consiste "en una sucesión de actos y acontecimientos que es rigurosamente personal, y a tal punto obligatoria que aquel que la pasa por alto se malogra". No seguir dicho impulso, "aun cuando ordenara imposibilidades", le parece a Simone "la mayor desgracia".

"Así es como yo entendía la obediencia" (3). Y es también su noción de "vocación", que coincide con el deber hacia su propia *creación moral*. Es el tipo de creación que nos corresponde en cuanto seres humanos, y cuyas condiciones Simone estudió y esclareció particularmente. Hay dos condiciones principales, que acabamos de notar en su confesión autobiográfica: son la *libertad* y la *obediencia*. Son los dos polos de su tensión básica entre lo relativo y lo absoluto, entre lo particular y lo universal. El proyecto decidido entonces desde sus catorce años se vincula por un lado con la libertad respecto de sí misma en cuanto mujer dentro de circunstancias determinadas, y por otro lado con la obediencia a las leyes de lo real que le corresponde en cuanto ser humano.

La mujer

Desde muy pequeña, ella piensa mucho y eso le lleva mucho tiempo (4); a los once años, sale a la calle para encontrarse con un grupo de huelguistas; querría que "todo el mundo se vistiera de la misma manera y por un peso" para que no se vieran diferencias, y que se pudiese trabajar (5); de jovencita, pasa la noche en el café discutiendo con sus camaradas; se pelea con un preceptor porque no acepta la división de la clase entre chicas y muchachos; es la única mujer que recoge firmas para la petición pacifista de los estudiantes de Alain; se trepa a los andamios para adoctrinar a los obreros (6). En resumen, es violenta: su primer impulso la empuja a la acción. Acción testimonial, revolucionaria, que rompe con las costumbres; acción directiva, decisional (en 1940, durante la nominación de Weygand, le dice a su amiga Simone Pétrement: "¿Sabes en qué lugar querría estar?... en el lugar de los Weygand" (7)); acción de defensa, de socorro, de expresión para los más aislados (refugiados políticos de Alemania, sobre todo aquellos que ninguna de las Internacionales quiere, huelguistas, internados de guerra); acción como trabajo manual, en la realidad palpable de la fábrica, en los campos; acción como sacrificio en su proyecto para la formación de un cuerpo de enfermeras de la primera línea de combate.

A los quince años, se interroga sobre su opción de vida: entrar en la fábrica, que representa "la desgracia" de la época, o bien profundizar su saber junto a Alain. Justamente, Alain será su único guía de carne y hueso, que le dará los medios para canalizar su violencia en la fuerza de su pensamiento y de su escritura. Pronto se plantea el problema de su libertad como mujer, frente a sí misma, porque los otros la admiran, se sienten fascinados por ella, pero también desconcertados, ofendidos, perplejos. Les parece exenta de toda debilidad femenina, y como separada de la vida normal. "Ella parecía no amar a nadie" (Raymonde Nathan). Era tan tranquila como "un sacerdote en confesión" y se le podían contar enormidades (Bataille). Era "la marciana" (Alain). Ella misma se interroga sobre sus capacidades de amar. "Los sentimientos que no alcanzan su objeto, eso no es amar. Y tú nunca supiste... ¿Por qué? No por falta de desinterés. En parte, por falta de temperamento" (8). Pero la libertad es indispensable:

> "Nunca olvides que tienes el mundo entero, la vida entera frente a ti... Que para ti la vida puede y debe ser más real, más plena y más feliz de lo que tal vez haya sido para ningún ser humano... No la mutiles de antemano por ningún renunciamiento. No te dejes poner en prisión por ningún afecto" (9).

Se exhorta así a los veinticinco años, y era la faz dorada de la libertad, la integridad plena de empuje. Sin embargo, también estaba la faz oscura; había que aprender "a estar sola... serena y felizmente". "Sin lo cual debes despreciarte" (10). Porque ella vendería su alma por la amistad y está sujeta a la "tentación de la devoción" por la cual, cuanto más se da, "más se cae en una situación de mendigo, de perro que espera un hueso" (11). Además, ella desea cambiar a los otros, hacerlos salir de la caverna; pero no se puede, y entonces "solamente una sombra de amistad" (12) es posible. Hay que dejar de imaginar la amistad y no esperarse más que a uno mismo. Mientras que "encontrarse enfrente de las cosas libera el espíritu, encontrarse frente a los hombres envilece" (13). Es preciso alcanzar "el beneficio del anonimato: no intentar hacerse comprender... comprender: eso es mejor". Muy rápidamente, la mujer en tanto que adolescente, en tanto que muchacha, renuncia a su alimento e intenta alcanzar el desapego, evitando al máximo "las situaciones que amenazan con poner en contradicción las reacciones en bruto de la sensibilidad con los sentimientos superiores y la voluntad", y sometiéndose a "la coerción del tiempo". Ya que esa coerción que no existe para el pensamiento es "el tejido mismo de la acción" (14). Y el joven guerrero está impaciente por actuar, para transformarse y transformar el mundo. Los gestos exteriores de la muchacha son tajantes, provocativos, desmañados: la mujer procede a una tarea de despojamiento; al prescindir de las coberturas de su género femenino, de su medio social, de un grupo político preciso, hay en ella, en cuanto mujer burguesa culta, privilegiada, y luego mujer política con simpatías comunistas, un *rechazo del determinismo*, que al mismo tiempo es el rechazo de los encantos de una vida media y de los discursos fáciles así como una revuelta contra la situación de los desdichados y la miseria de las ilusiones. Si lo relativo le resulta intolerable con su tacto, sus pasos, su paciencia de compromiso, ella quiere con todas sus fuerzas comprender lo real, que contiene lo absoluto. No quiere huir, ni "*escapar de la necesidad*". "Perderíamos esta preciosa vida..." (15). Tanto como la libertad, es indispensable la obediencia. Ella llega a ese concepto:

"La libertad es un *límite* [la libertad entendida como necesidad superada, porque la libertad indiferenciada no es más que un sueño]" (16).

Es la maduración de su *yo* individual, y fue entonces que la enseñanza de Alain desempeñó un papel fundamental en su vida.

El individuo

En 1925, a los dieciséis años, Simone Weil, la muchacha "sorprendente" (17), entró en la preparatoria del liceo Henri IV, donde Alain dictaba el curso de filosofía. Era el segundo año en que las chicas eran admitidas allí. Esa elección, que había sido alentada por el hecho de que Simone ya se había distinguido en filosofía como alumna de Le Senne en Duruy, y por la atención de Mme. Weil que siempre había orientado a sus hijos hacia el profesor que mejor pudiera guiarlos, debía resultar esencial para el desarrollo de la personalidad y el pensamiento de la joven.

Como vimos, ya era ella misma, con la conciencia de un proyecto donde el pensamiento puro debía formar la voluntad y realizarse prácticamente. Sentía la exigencia de la justicia social y pretendía hacerse responsable de ello. "De muy chica, en todo aquello que leía o escuchaba, instintivamente, por indignación antes que por piedad, siempre me ponía en el lugar de todos los que sufrían una coerción" (18), le escribirá a un destinatario desconocido. Con tal fin, pronto había comenzado a controlar su cuerpo y practicar la indiferencia ante la opinión. Al acecho de la injusticia en la sociedad que la rodeaba, vivía para la búsqueda de la verdad y se había jurado "realizar constantemente un esfuerzo de atención para alcanzarla" (19); tenía pues un sentido muy fuerte de la realidad política que iba acompañado por la fe en el espíritu individual. En ese terreno de la *presencia* del hombre en el mundo, tendrá lugar su profundo encuentro con Alain. Entre ambos existirá la misma longitud de onda. Alain será el único maestro de quien ella aceptará nutrirse. Por su parte, él le demostrará "desde el comienzo una admiración casi entusiasta" mediante sus juicios al mismo tiempo pródigos en correcciones rigurosas sobre los numerosos textos escritos que le llegaban de Simone "como un tributo" (20).

"El Hombre", como lo habían apodado sus alumnos, tenía fe en el hombre y en el espíritu. No se puede "escapar" del espíritu, y sin embargo "no es un amo, mucho menos el amo de una esclavitud" (21). Coincide con la voluntad de libertad, de alerta, en el seno del hombre, por lo cual "se rehúsa a ser un animal", a formar parte de "la inercia del mundo" (22), y decide ponerse en marcha, conquistándose cada día. Porque "la naturaleza no funciona por la libertad ya dada, al igual que el coraje de la víspera no sirve para el día siguiente" (23). Esa condición, en cierto sentido sin remedio, es sin embargo el único remedio, el contacto en igualdad con el espíritu, la única fuente. "Tú te salvarás solo." Quejarse de la condición del hombre es deshonroso, porque el hombre puede asumir el espíritu, puede pensar y hacer justicia. Pues si Alain se decía: "En efecto ¿cómo sé qué es lo que supera al hombre?... lo sé por el hombre", consideraba como una gracia no estar interesado en las cuestiones insolubles, es decir, paralizado por la pregunta de Poncio Pilatos: "¿Qué es la verdad?", relegándola por completo a otro mundo inaccesible. "Viles pensadores" son los metafísicos, que buscan el espíritu fuera del hombre. Viles pensadores son también los materialistas, porque tienen miedo de su pensamiento, miedo al riesgo de la libertad. Viles pensadores somos también todos nosotros, cuando damos por ciertos los pensamientos esclavos que nos imponen "los movimientos y las afecciones de [nuestro] cuerpo". Nos convertimos entonces en las víctimas de la imaginación que, para Alain, es el pensamiento que se abandona y se pierde sin saberlo, y que sólo el arte puede salvar. Es el pensamiento propiamente dicho, espontáneo y natural, ya que el hombre cree verlo surgir de sí completamente hecho y por eso más real que cualquier otro, cuando por el contrario es el fruto de su nueva caída en el mecanismo sueño, embriaguez, costumbre. Es la "mala mezcla de alma y de cuerpo" (24). "Ya sólo es posible una metafísica del espíritu", ese otro orden que no existe en la naturaleza y que "ninguna fuerza puede resquebrajar"; únicamente por el espíritu accedemos a él y a medida que lo hacemos existir. "Se trata de aceptar ser hombre, alma y cuerpo indisolublemente unidos, pase lo que pase" (25). Y también pensar, algo que no puede hacerse "a bajo costo".

"Pensar es un estado violento", un combate contra la necesidad exterior que "no deja de romper la forma humana". El pensamiento está "sobre las murallas" y se hace tanto más duro en la medida en que el centinela debe rechazar y retener a la vez. Alain se ha sumergido en el mundo; sintió que su tarea de volverse periodista era perderse entre la masa de los hombres, en el transcurrir de los días, en la confusión de pasiones e intereses, la guerra, la opresión, la injusticia, y proseguir "sin ninguna superchería" el descubrimiento del pensamiento que siempre debe "rehacerse". El pensamiento que nunca está en rebaja, y que debe ser claro para hacer reflexionar a los hombres, para darles confianza en su propia capacidad de pensar. Al tomar la "resolución inicial... de expresar en primer término un coraje espiritual totalmente puro" contra "los burlones que esperan que pierda el coraje", Alain hizo surgir dentro de sí "un temido optimismo". El pensamiento debe arriesgarse a la prueba de la acción: pensar obliga, ya que pensar es tomar conciencia de su indeleble nobleza de hombre, saberse libre y responsable. "Es una función peligrosa juzgar, y el espíritu requiere todo el coraje posible" (26). Pero "el ciudadano no puede salvarse si no es por el pensamiento" y se necesita reforzar su espíritu comprendiéndolo; para comprenderlo, "considerarlo por encima de lo que cree ser" (27).

Si bien había querido hacerse periodista para continuar pensando más allá de las paredes de su clase, con los otros y para los otros ("La vocación de escribir me vino de la política" (28)), su elección de fondo fue la enseñanza. "Fui hecho para la enseñanza donde lo que importa es que uno despierte las mentes y las invite a caminar solas" (29). Amaba a sus alumnos; en el Henri IV, luego de tres encuentros, dijo que había recibido de ellos "una alegría sin velos" (30). Y fue con alegría que despertó la voluntad, la duda y la libre capacidad de centenares de alumnos, de lo más diversos, que pasaron por sus clases: Simone Weil, Simone Pétrement, Jean Prévost, Pierre Bost, Henri Massis, Samuel de Sacy, Maurice Toesca, Maurice Schumann, Jeanne Alexandre, Jean Miquel... "Sabía transmitir la confianza en el hombre, la tenacidad en el esfuerzo, el rechazo al desaliento" (31). Y sus alumnos lo amaban. Se percibe esa energía amorosa e inteligente que vuelve luminosas y cautivantes tantas páginas de sus recuerdos.

Un tema común es que Alain los trataba siempre como adultos. Leía "el más mediocre ejercicio palabra por palabra... con confianza. Buscaba escrupulosamente el punto en donde cada uno dejaba traslucir alguna cualidad positiva" (Samuel de Sacy). "Parecía tratarnos como iguales, como camaradas de pensamiento, sin ningún rastro de condescendencia" (Jeanne Alexandre). Su milagro era "que sabía comunicarnos su fe en la posibilidad de que todos accediéramos a lo más alto del pensamiento y de la acción" (Alice Penchinat). "Esa libertad que los jóvenes han conquistado... y de la cual a veces parecen abusar, nos la ofrecía Alain como un regalo que merecían nuestros dieciocho años" (Georges Bénézé) (32). No obstante, la confianza y el respeto que Alain les mostraba a sus alumnos no tenían nada en común con la familiaridad. Llamaba a todos "señor" o "señorita", nunca por su nombre de pila ni por su apellido solo.

Llegaba a la hora exacta y empezaba de inmediato a trabajar sin siquiera echarle un vistazo a la concurrencia. Cuando sonaba la campana al final de la clase, se paraba en seco, aun en medio de la frase, y se iba. Eso formaba parte de las reglas objetivas de ese "tipo determinado de sociedad", la escuela, que Alain veía como un vínculo entre la familia y la sociedad. "La familia instruye mal e incluso educa mal; la comunidad de sangre desarrolla afecciones inimitables, pero mal reguladas" (33). En la escuela, en cambio, el niño se halla en un ambiente sin miedo pero también sin afecciones, una sociedad de iguales; se le pide mucho pero no demasiado, los errores son esperados pero se rectifican, y reina la justicia. Una vez establecida la disciplina, fase necesaria de un orden puramente negativo que es preciso imponer a la clase para permitirles a los alumnos que sean ellos mismos, comenzará la disciplina positiva, que es educativa en el sentido de que le enseña al niño a dominar sus pasiones, fuente de todos los errores. Entre tales pasiones, la más común y la menos reconocida es *la estupidez*. Es preciso comprender que para nada es algo fatal. El error pedagógico más grave es considerar que algunos alumnos son menos inteligentes que otros; es como encerrarlos en un destino. "No es suficiente con tener la mente despierta, sino que lo principal es aplicarla bien." Y el genio mismo tal vez no sea más "que una larga actitud en la paciencia" (34). Lo que le falta al imbécil, que además quiere decir débil, no es la luz sino la fuerza, el coraje de trabajar "con total sencillez y modestia". Ya que esa timidez que se desalienta demasiado rápido implica mucho orgullo. "Por el humor, por la ira, por miedo, por desesperación; sí, tales son las causas juntas y turbulentas que hacen que uno sea tonto" (35). Y el papel del maestro no es agravarlas, sino por el contrario darle confianza al joven descarriado graduando las tareas. "Cada uno es exactamente tan inteligente como quiere": todo es cuestión de voluntad. De tal manera que, en contra del otro verdadero obstáculo, *la pereza*, se le presentará la voluntad al normal alumno perezoso como la única cosa que depende de él, sin censurarlo nunca sino solamente a su trabajo, proponiéndole tareas estimulantes por el mismo esfuerzo que exigen y dosificando los obstáculos de modo que pueda "franquearlos". "Todavía no ha empezado" es una fórmula de Alain que se encuentra en sus cuidadosas notas trimestrales y en las copias. El único reproche por hacer sería: "Le falta coraje", mostrando que la lucha contra el obstáculo es en realidad una lucha contra uno mismo (36).

Anotaciones de Alain en los boletines escolares (1927-1928): "Mlle. Weil: Una cultura amplia; una rara potencia espiritual. Tal vez apunta ya demasiado por encima de los ejercicios escolares. Debido a eso, una dificultad muy natural que paraliza a veces la expresión. No obstante, puede predecirse un futuro brillante".

La escuela tiene el deber de guiar a cada alumno, único y precioso en sí mismo, hacia su propio estado de perfección a través de un programa común de estudios; hacia una sabiduría humana, que es el dominio de sus pasiones para dirigirlas hacia fines creativos. "La meta de toda instrucción pública es devolverle a cada uno su propio espíritu y que lo ejerza con su uso principal, que no está en relación con el dinero ni con la fuerza, sino solamente con lo verdadero y con lo justo. Pero... esa finalidad se olvida. Se pregunta, no sin altivez, para qué puede servir el espíritu si no fabrica nada... no vende, no inventa armas; y la técnica se subleva contra el saber y lo expulsa de la escuela" (37).

Le corresponde al profesor la responsabilidad de hacer de la escuela un "centro de humanidad" que combata los prejuicios, la violencia y la injusticia. La enseñanza tiene como primera meta ayudar a que los alumnos establezcan un orden moral interior, "que juzguen por sí mismos y que, en definitiva, sólo se obedezcan a sí mismos" (38), comenzando por enseñarles cómo pensar y no qué pensar. Además, puesto que cree que cada discípulo posee la facultad intelectual para triunfar en sus estudios con tal de que la voluntad sea lo bastante fuerte, Alain cree firmemente que es posible la creación de todo un pueblo instruido. "Y la Escuela tal vez logre su función de civilizar con la condición de que sea universal en todos los sentidos del término, es decir, que distribuya amplia y libremente el tesoro de las humanidades a todos" (39).

Dos herramientas principales les daban a los alumnos, luego de varios meses de trabajo, la sensación de que ya no eran niños que seguían una clase, sino "un grupo que intentaba pensar adecuadamente" (Georges Bénézé) (40): leer las obras de los grandes autores donde "el espíritu humano se muestra... garantizado de alguna manera por la larga serie de sus admiradores" (Homero, Tácito, Balzac...); y escribir, que forja el lenguaje y el pensamiento. "Lo escrito es más directo; lo escrito no tiene que tener en cuenta al público" (41). Aparte de los numerosos temas de disertación propuestos en cada trimestre, Alain estimulaba a sus alumnos para que escribieran ensayos breves o "tópicos" de treinta o cuarenta líneas, sobre temas de su elección. Les aconsejaba que se sentaran en "el escritorio" dos horas por día, "con ganas o no", y escribir en hojas grandes con amplios márgenes. "No tachar", primero escribir, y luego aclarar lo que está escrito mediante retoques, como los pintores. "Pensar a medida que la pluma escribe... Porque el pensamiento sin objeto está hueco" y en ese caso el objeto es *el lenguaje*. Hay que escribir entonces examinando "siempre de cerca las palabras que se han escrito, como el albañil que busca una piedra adecuada para añadir a las que ya están" (42).

Dejaban esos ensayos sobre el escritorio de Alain al comienzo de la clase, y al día siguiente los devolvía corregidos y anotados. Simone le dejaba muchos; debía interesarle particularmente esa manera de trabajar, ya que ella parece haber conservado sus tópicos con preferencia a sus disertaciones (43). Ella mantenía su diálogo consigo misma al mismo tiempo que su diálogo con Alain: dichos ensayos constituyen el primer crisol de su pensamiento y de su estilo.

Simone Pétrement, en la misma clase de Simone, dice que su encuentro con Alain fue para ella "un nuevo nacimiento". Jeanne

Alexandre, también alumna de Alain y muy cercana a él durante toda su vida junto con su marido Michel, dice que entre ellos se dio "el reconocimiento metafísico" (44) de dos seres que habían escogido igualmente el camino del pensamiento. Tal sentimiento de afinidad fue la corriente subterránea de su relación y la causa profunda del sello permanente que sólo Alain pudo dejar en la evolución de la visión weiliana del mundo. Además, sintiéndose aceptada y apreciada por Alain con ese amor entre iguales que les manifestaba a todos sus alumnos, dándoles coraje a todos y celebrando el valor (45), ella se aceptó a sí misma en cuanto individuo y pudo madurar el "coraje de ser" de sus primeros escritos y de sus testimonios de acción, mientras que, en el plano físico y emocional, la jovencita rechazaba el alimento. ("Tal vez a causa de una alteración en la leche materna, ella desmejoraba y luego, durante mucho tiempo, no pudo ingerir más que líquidos"; "nunca pensaba en comer; hablaba de sus 'ascos' y sobre todo rechazaba la carne; bajaba la cabeza al pasar frente a las vidrieras de las carnicerías") (46). Más adelante, en una alternancia adolescente de exigencia excesiva, de avidez y de negatividad tajante, también la rechazaba. "Ella sentía un loco deseo de ternura, de comunión, de amistad, y no siempre encontraba el secreto para obtener aquello que tan fuertemente deseaba" (47). Cuando llegaba a advertir que la pena que un amigo pudo causarle había sido ocasionada conscientemente "tomaba un cuchillo y cortaba la amistad, sin prevenir siquiera al interesado" (48); como individuo en cambio lo aceptaba con alegría y gratitud en el plano del espíritu.

Esos ensayos, de los que podía hacer tantos como quisiera, de acuerdo a la regla de Alain, y que continuará enviándole incluso después de egresar de la escuela preparatoria, en la École Normale, en la Sorbonne y hasta ya como profesora, son su primer espacio vital de expresión. A través de los matizados juicios de Alain, percibimos el camino de una voluntad atenta que se reflejó también en el paso de una escritura "casi garabateada" (Alain se negó a leer su primera tarea) a una escritura "dibujada, construida" (49), cuando ella dominó la torpeza de sus manos usando trozos de fósforos. Sabemos que mostró desde el comienzo "un espíritu inventivo" y un "método original" aun siguiendo a los grandes autores (1925-1926). Sabe "componer, explicarse, escribir" muy bien, pero igualmente debe cuidarse de las "meditaciones demasiado cerradas, expresadas en un lenguaje casi impenetrable". Se libra de ello al ejercer "el análisis directo" (1926-1927) y revela una "rara potencia mental". Apuntando "tal vez demasiado por encima de los ejercicios escolares", extrae de ello "una dificultad muy natural, que a veces paraliza la expresión", pero "triunfará brillantemente si no se interna en caminos oscuros" (1927-1928).

En toda su enseñanza, Alain transmitía *la primacía de la moral*. Mediante *el pensamiento como trabajo* y mediante *la voluntad* que se pretende libre de fantasía, de imaginación, de pasiones, de prejuicios, de reglas aplicadas desde el exterior, se llega a fundar el bien y el deber, y también lo bello. Uno está anclado en lo real por *la percepción*, que prueba la existencia del mundo exterior. "El espíritu no piensa más que percibiendo... no obstante, las formas y los principios con los cuales capta lo que existe le son propios y no son de las cosas" (50). La fidelidad a uno mismo es la voluntad libre por el dominio de sí que resulta del ejercicio escogido, una fidelidad que implica responsabilidad hacia el espíritu; el juicio puede así unirse a la percepción y obrar de manera más verdadera que el razonamiento. De modo que "por medio del trabajo y del juicio es como se alcanza lo bello, no por una misteriosa facultad de invención". "El genio en las artes y en el pensamiento consiste ante todo en la voluntad, es de la misma naturaleza que el heroísmo y la santidad" (51).

A través de sus tópicos y luego con sus artículos en el diario de Alain, *Libres propos* –que el maestro quería generosamente que estuviera abierto a los jóvenes–, Simone Weil meditará sobre el uso del juicio unido a la percepción en la relación del hombre con el universo, la tierra, la materia. Al mismo tiempo, actuará dentro del disconformismo provocador en cuanto mujer que no quiere ser una mujer y en cuanto individuo no conformista; recordemos su participación en el movimiento pacifista de los alumnos de Alain. Se trata de la petición sobre el enrolamiento de los alumnos de la École Normale. La petición solicitaba que éstos, hasta entonces promovidos automáticamente al grado de oficiales después de un servicio militar más corto, sólo tuvieran una preparación militar facultativa. Los animaba el espíritu de Alain; el mismo Alain que, detestando la guerra, se había enrolado como voluntario a los cuarenta y seis años de edad para "compartir la desgracia común" (52); el mismo Alain que escribía: "Hay algo más bello de ver que alguien a quien no le gusta obedecer, y es alguien a quien no le gusta mandar. Esa noble especie se multiplica" (53). Simone hizo una incansable campaña en pro de la petición y Bouglé, el director adjunto de la École, la amonestó severamente por su entusiasmo. Tanto desde la izquierda como desde la derecha, la prensa agredió a los normalistas con sarcasmo; sin embargo, éstos insistieron en sus actos pacifistas creando un notable clima, sobre todo para sacar de su letargo a la Liga de los Derechos del Hombre. Entraron a ella en buen número para hacer votar una moción pacifista contra el presupuesto gubernamental que contenía un incremento de los gastos militares. Fue en enero de 1929. Simone hizo inscribir a sus padres en la Liga; Simone Pétrement también dio su adhesión; llevaron a las reuniones a los ferroviarios de la calle Falguière. El contacto con estos últimos había sido establecido por Lucien Cancouët, "un bretón fuerte como un toro" que, luego de atravesar largos años de miseria y todos los oficios más penosos, se había convertido en secretario del sindicato de ferroviarios de París de la región oeste en 1921, "peleando a la vez contra la dirección y contra los comunistas". Compañero de armas de Alain y uno de sus amigos más fieles, "un bello talante desinteresado" (54), deseaba ayudar a sus camaradas a instruirse y así favorecer su progreso con la colaboración de alumnos de Alain, entre los cuales estaba Simone, que soñaba con reanudar el intento de las universidades populares. Organizaron así conferencias en la calle Falguière, algunas destinadas a la preparación de un examen, otras a la cultura del espíritu y el libre pensamiento. Había cursos de francés, de matemáticas (André Weil los dio en una época), de física (electricidad industrial), y un "curso de educación social" cada quince días el domingo a la mañana. Esa enseñanza se prolongó hasta 1930-1931. El domingo a la mañana, cuando siempre asistían entre veinticinco y treinta alumnos, se trataban sobre todo cuestiones de sociología y de economía política, por ejemplo el maquinismo, la propiedad, la guerra. Simone, que hacía gran parte del trabajo, no tenía un gran consenso; la apreciaban, pero sorprendía a sus oyentes con sus ideas "que se consideraban demasiado audaces y paradójicas" (55). Le faltaba adaptarse al público; y le faltaría siempre. Simone

Weil sólo será escuchada y aceptada por algunos (como Boris Souvarine, Auguste Detoeuf, Jean Ballard...). Pero ante todo, ella era una mujer.

Con el correr de sus primeros ensayos y artículos podemos seguir la eclosión progresiva de su visión del mundo, que se basa en la relación entre el sujeto individual y la existencia por la percepción y la acción. Simone Weil continúa a Alain en su verificación del valor de la percepción como conocimiento y de la acción como creación consciente. La existencia, es decir el mundo, es el polo opuesto al espíritu y lo que el espíritu necesita. La existencia es incognoscible salvo como "presencia continua". Es la extensión, el espacio donde "las cosas remiten infinitamente a otras cosas"; es también el tiempo en su naturaleza cambiante, porque "un estado de existencia remite sin cesar a otro estado". La existencia, al no ser inmutable ni estar sujeta a eternos retornos, provoca en el espíritu un "asombro" continuo que lo humilla y lo hace sentir ajeno al mundo. No obstante, es bueno que el espíritu se someta a la prueba del mundo. Sin esa existencia ajena, con su "dureza" y su "filo", el espíritu no tiene objeto y no piensa. Todo el coraje del espíritu está en separarse del mundo lo más completamente posible, no para quedarse aislado en la abstracción, sino para pensar el mundo como objeto totalmente diferente de sí mismo. Tal como Simone, también Alain decía que el mundo es "fiel y puro", no porque encontremos en él un alma, intenciones, una providencia, sino porque es pura indiferencia, pura necesidad. ("El tiempo", julio de 1926 (56)). El espíritu le opone a esa pura indiferencia la pureza de la acción, que surge de la totalidad de un ser como una culminación. Simone da dos ejemplos de ello: la muchacha del "cuento de los seis cisnes de Grimm", un breve tópico fechado en noviembre de 1925, y un largo tópico de febrero de 1926, "Lo bello y el bien". La muchacha cuyos hermanos habían sido transformados en cisnes debe hilar y coser para ellos seis camisas de anémonas blancas en el más absoluto silencio. Le lleva seis años hacer las camisas y, al no poder responder a las acusaciones, se arriesga al suplicio. Cuando está a punto de ser ejecutada, arroja sobre sus hermanos las camisas de anémonas y éstos recobran su forma humana. Simone hace resaltar "la pureza de ese silencio de seis años" como un sacrificio. "Todo lo que es sin mezcla es un fragmento de verdad." El sufrimiento inocente que se abstiene de actuar redime por sí mismo. La aceptación del sufrimiento está presente también en el acto de Alejandro que atraviesa el desierto en "Lo bello y el bien". Alejandro, que padece la sed como sus soldados, para no verse más favorecido que ellos, derrama al suelo el agua que le han traído de muy lejos en un casco. Alejandro efectúa libremente ese acto sorprendente, que aparentemente no es útil para nadie; solamente preserva la pureza de Alejandro, su humanidad. "Todo sucede en el alma de Alejandro, y para él no se trata más que de situarse como hombre... Bastaría pues con ser justo y puro para salvar al mundo, lo que expresa al mito del Hombre-Dios que redime los pecados de los hombres por la mera justicia y sin ninguna acción pública" (57). Si en el tópico "El tiempo" la relación del individuo con el mundo se plantea en términos de conocimiento del mundo como necesidad, en este caso el individuo ya interviene en el mundo y su dimensión moral implica otro tipo de realidad, el bien en el seno del hombre. Es otra dimensión, con su tiempo y su espacio, que Simone hará surgir en el seno de su experiencia vital y espiritual. Por el momento, sólo tiene atisbos de ello. Su individualidad aún está en trance de tomar conciencia de lo que percibe y poner en relación sus deducciones y la resistencia de la realidad. Está en busca de un "pacto" con el universo, un pacto que pueda darle a la ciencia un fundamento moral y hacerla servir a la justicia social. Simone encontrará el acceso a ese pacto en su *teoría del trabajo,* que "fue quizás su primera realización importante en el orden del pensamiento" (58).

Fue en el año 1929, cuando publicó en *Libres propos* dos artículos: "La percepción o la aventura de Proteo" y "El tiempo". Hallándose en la École había escrito para Alain varios tópicos referidos a la filosofía política o a la sociología. Como otros alumnos de Alain en la misma época, reflexionaba por un lado sobre las bases del orden social (político, teórico y práctico), y por otro sobre los fundamentos de las matemáticas. Alain había mostrado que la línea recta y el ángulo recto son creaciones bellas de la voluntad humana, mediante las cuales el individuo manifiesta la resolución de explicar las cosas según las leyes del espíritu. Tratando de conciliar sus ideas políticas con su filosofía, Simone, en su tópico "Una antinomia del derecho", intentó comprender el derecho (social) comparándolo con la línea recta. Al igual que no hay líneas rectas en la naturaleza, del mismo modo el derecho es una creación del espíritu humano.* Y así como la recta no es creada sin embargo por el espíritu independientemente de la intuición sensible, igualmente el derecho, aunque lo constituya otra cosa, el ser, el poder, no es sin embargo totalmente independiente. Simone piensa finalmente que el derecho no es evaluado por el poder, sino por el trabajo, por la acción sobre la naturaleza (59).

El trabajo es justamente el primer instrumento que Simone se forja para llegar al conocimiento de sí y del universo; un conocimiento efectivo que sea la base de la acción transformadora. Siendo el trabajo "por oposición a la reflexión, a la persuasión, a la magia... una serie de acciones que no tienen ninguna relación directa con la emoción primaria ni con el fin perseguido, ni unas con respecto a las otras" (60), no ofrece una recompensa inmediata, sino que enseña a actuar en la realidad, en *la necesidad* a través de intermediarios, los momentos de la acción, que son "tan indiferentes y exteriores unos a otros como lo son los deseos". Al mismo tiempo, "para mí, actuar no es más que modificarme a mí misma, modificar lo que soy o lo que siento; pero no me basta quererla para conseguir esa modificación de mí misma a la que aspiro. Sólo puedo obtenerla indirectamente" (61). Mediante una *acción que se reparte*, es decir, que está hecha de partes a la vez unidas y distintas. El trabajo implica pues un mundo *extenso*: el espacio nos parece así marcado con pasajes necesarios, momentos que deben ser vividos por nosotros hacia un futuro que no puede alcanzarse inmediatamente. Así verificamos nuestra existencia en el espacio y en el tiempo por medio del trabajo. Es un medio puro, porque nos hace reconocer que las cosas son lo que son, independientemente de nuestros deseos. Nos libera de nuestros deseos, y por lo tanto de las brumas de la ilusión.

Simone Weil va a remontarse así a la raíz de la libertad-límite, la primera posible para el hombre en el seno de la naturaleza y de la colectividad. Veremos cómo profundizará la cuestión de la revolución eficaz, especialmente a través de la vida cotidiana de la industria, en la fábrica, hasta alcanzar el debate libertad-obediencia que para el ser humano es el debate central de su alma.

---

* Cabe señalar que en francés la "recta" [*droite*] se dice casi igual que el "derecho" [*droit*]. (N. del T.)

III. El dominio de la vida frente al ser

El trabajo se despliega en todos los niveles del ser. Apenas se toma conciencia del deseo de vivir para *comprender*, el trabajo sobre uno mismo se torna indispensable para vencer la energía física y psíquica donde estamos enredados, la caverna que nos envuelve como un capullo negro segregado por nosotros mismos.

Para Simone Weil, pensar, escribir y actuar coinciden: son tres expresiones del mismo acto, que es *vivir conscientemente.*

El trabajo es el medio por excelencia con el cual el hombre puede probar la existencia de su pensamiento.

"El individuo sólo tiene una fuerza: es el pensamiento. Pero no como lo entienden los simples idealistas –conciencia, opinión, etc. El pensamiento constituye una fuerza, y por ende funda un derecho únicamente en la medida en que interviene en la vida material" (1).

El pensamiento se manifiesta en tanto que fuerza al ponerse en relación con aquello que no es pensado, a través del trabajo. Hace falta que se prepare para esa relación y al mismo tiempo esa relación lo transforma, como un aprendizaje continuo.

Hay que tratar de ponerse en contacto con la vida real; lo cual es "justamente lo contrario" de la búsqueda de las sensaciones, como Simone se lo explica a una alumna en una carta (1934). "Porque la realidad de la vida no es la sensación, es la actividad –que entiendo como actividad en el pensamiento y en la acción" (2).

Con respecto a uno mismo, la actividad está dedicada al *adiestramiento* que es esencialmente una "limpieza" de lo imaginario, del que forman parte los falsos problemas, los sentimientos alimentados por el deseo, la complacencia, el "legalismo" y las construcciones proyectadas en el dominio de las relaciones humanas. Con tal fin, Simone redacta una "lista de tentaciones (para releer todas las mañanas)", donde aparece la

"*Tentación de la vida interior.* No entrar en conflicto sino con las dificultades que efectivamente encuentres... Cortar sin piedad todo lo imaginario que haya en el sentimiento."

y la

"*Tentación de la devoción.* Subordinar a las cosas y a los seres exteriores todo lo que es subjetivo, pero nunca el sujeto –*i. e.* el juicio."

Al igual que la *Tentación de la dominación* y la *Tentación de la perversidad*, que está ligada a nuestra vulnerabilidad ("Nunca responder a un mal con las reacciones propias para aumentarlo" (3)), son las expresiones de numerosos animalitos dentro de nosotros que gritan "yo, yo, yo", escribirá luego. Pero la primera tentación que hace prosperar a todas las demás y de la cual depende la actividad real es la *Tentación de la pereza* (la más fuerte por mucho" (4)). Es la que impide utilizar el tiempo, la forma por excelencia de la necesidad.

"*Siempre* tener en la mente que la puntualidad, la fidelidad en las pequeñas cosas... son las condiciones de la existencia del hombre en el planeta. La coacción del tiempo no existe para el pensamiento –al menos en cierto sentido; pero es la trama misma de la acción" (5).

En efecto, la necesidad de la *acción metódica* se presenta ante la inteligencia apartada del deseo cuando ésta comprende que entre el deseo y su cumplimiento hay un tiempo que atravesar. Por ejemplo, el hombre que encuentra una piedra en medio del camino y se arroja encima para quitarla obedece a su deseo y no logra nada. El hombre que toma una palanca emplea un método indirecto y logra desplazar la piedra. El tiempo expresa pues la "separación entre lo que soy y lo que quiero ser" (6); el comprender y salvar esa separación, mi propia distancia con respecto a mí, entre querer y efectuar, por una acción metódica, por un *trabajo*, es lo único que nos da la medida de nuestro *poder*. Fue preciso someterse a la "coerción" del tiempo. Pero:

Omnia serviliter pro dominatione.
(*Todas las cosas servilmente con miras a dominar.*)

Esta cita de Tácito corresponde al primero de los *Cuadernos* weilianos, que fue comenzado en 1933-1934 y que se vincula íntimamente en primer lugar con todos los artículos de su período político activo, hasta la crítica de las *Reflexiones sobre las causas de la opresión y la libertad*, y en segundo lugar con su año en la fábrica. El individuo será capaz de manifestar la potencia de la única fuerza que posee, el pensamiento, al percibir "puramente" las leyes de la necesidad tal como se manifiestan en nuestra época y obedeciéndolas.

En el trabajo, el cuerpo y el espíritu del hombre se unen y se expresan, tomando nota de las condiciones de este mundo. Simone intenta desde un principio realizar los dos abordajes del mundo, material e intelectual: en 1928, por su solicitud de hacerse jornalera en el Servicio Civil Internacional, donde no fue aceptada; por su trabajo en los campos en 1929 en el Jura; en el barco pesquero de Lecarpentier en 1931. Siempre piensa que por medio del trabajo puede esperar una afirmación de la igualdad entre los hombres. En un apunte sobre el Servicio Civil, escribe:

"La religión hace que aparezca el amor, pero el trabajo hace que aparezca el derecho, el respeto por la persona humana, la igualdad; y por tal motivo la cooperación hace que aparezca una amistad dura que nada reemplaza... Es esa amistad lo que forma la paz" (7).

Ella nunca abandona el contacto con la realidad del mundo, una relación que transmite a sus alumnos a través de un nuevo método de *historia de las ciencias*. Fueron cursos optativos en Puy (1931-1932) donde aun los alumnos más débiles en matemáticas rindieron bien y con entusiasmo. Simone Weil mostró entonces el lazo que existe entre las diferentes ciencias y los métodos que las han expresado. Las muchachas del liceo comprendieron que "las matemáticas son un producto del pensamiento humano y no un conjunto de dogmas" (8). Simone veía en ese camino la posibilidad de realizar una verdadera cultura socialista que debe ser una "síntesis" de la teoría y la práctica. "El progreso" consistiría en "transportar, en lo posible, a la producción misma aquello que la humanidad sólo ha encontrado antes en las especulaciones puramente teóricas y completamente apartadas de las aplicaciones; vale decir, el método" (9). Ella intentará restaurar el vínculo entre el espíritu y la materia, el espíritu y el cuerpo, entre la ciencia y la técnica, para darle al individuo la fuerza de la integridad. Pasa por el estudio, por la reflexión política, por la enseñanza: teoría y práctica se funden allí (geometría, matemáticas, física, marxismo, economía; vida sindical, artículos sociopolíticos, viaje a Alemania en 1932; filosofía, universidad obrera) hasta la culminación de su ingreso en una fábrica. Esa decisión, que Simone tomó para "informarse sobre un determinado número de cuestiones muy precisas" (10) que la preocupaban, fue su primera intervención política completa en el sentido de una verificación de la situación del individuo en el seno de la sociedad industrializada. En su solicitud de licencia "por estudios personales" (fechada el 20 de junio de 1934), ella declara que quiere estudiar "la relación de la técnica moderna, base de la gran industria, con los aspectos esenciales de nuestra civilización, es decir, por un lado nuestra organización social, por otro lado nuestra cultura" (11).

La técnica. Con ella se consumaba la "división degradante del trabajo en trabajo intelectual y en trabajo manual" mediante una ruptura entre la ciencia y sus aplicaciones. Allí se ubicaba la fuente de la opresión obrera. Era el punto que debía reflexionarse; con tal fin, apartada de toda devoción ideológica y de cualquier cálculo demagógico, Simone defendía en 1931 la unión intersindical para estudiar los problemas "honestamente" más allá de todas las tendencias. También preconizaba una cultura obrera que tomara conciencia de la herencia de la cultura humana y obtuviera así el control de las condiciones de su trabajo. La revolución es un *trabajo* y hay que prepararla conscientemente. Pues en el curso del tiempo la revuelta no ha servido para destruir ni tampoco, la mayoría de las veces, para suavizar la explotación.

"No basta con sublevarse contra un orden social fundado en la opresión, hay que modificarlo, y no se lo puede modificar sin conocerlo" (12).

Siguiendo el deseo de su vocación, fiel a su "perpetuo esfuerzo de atención", Simone socava mediante el pensamiento la barrera de la ilusión y la bruma de las ideologías. A través de escritos tales como *Perspectivas. Vamos hacia la revolución proletaria* y *Reflexiones sobre las causas de la opresión y la libertad*, empieza decididamente a allanar el camino del saber para el hombre, el camino que conduce de la ilusión del poder a la constatación de la *responsabilidad*.

Al realizar el análisis social de la época, Simone descubre que los dos fenómenos sociales nuevos y dominantes son el régimen ruso en funcionamiento y el fascismo. Al ser ambos regímenes opresivos, tienden a centralizar la vida económica, política e intelectual de un país dentro del aparato de Estado. Otros movimientos de posguerra van en el mismo sentido, como el grupo de tecnócratas en torno a Roosevelt, que promueve una dictadura cerrada y ejercida soberanamente por los técnicos. Se está forzado a admitir que casi no existe un movimiento revolucionario: "El ideal de una sociedad regida... por la cooperación de los trabajadores" (13), anhelado como un término guía de la época, ya no tiene ninguna fuerza de atracción. ¿Por qué? La gran idea de Marx, según la cual "los hombres hacen su propia historia, pero en condiciones determinadas", nos invita ante todo a "conocer las condiciones materiales que determinan nuestras posibilidades de acción". En el ámbito social, tales condiciones están definidas por "la manera en que el hombre obedece a las necesidades materiales para subvenir a sus propias necesidades básicas, vale decir, por el modo de producción". *El estudio del modo de producción* es la base indispensable para un mejoramiento metódico de la organización social; sólo "seres irresponsables" pueden ignorarlo, y tal es el caso "en todas partes, tanto en los ámbitos revolucionarios como en los ámbitos dirigenciales" (14).

Lo primero que debe plantearse es la cuestión del rendimiento del trabajo, que implica la de saber si la técnica moderna en su nivel actual es capaz de asegurarles a todos el suficiente bienestar y el suficiente ocio como para que el desarrollo del individuo deje de ser obstaculizado por las condiciones modernas del trabajo. El progreso técnico se funda, por un lado, en la utilización de las fuentes naturales de energía y, por otro lado, en la racionalización del trabajo. En ambos casos, no resulta razonable pretender determinar un desarrollo infinito, con una disminución progresiva de los costos de explotación con respecto a los recursos y del esfuerzo humano en el trabajo de adaptación necesario para dicha explotación al igual que para la coordinación en el espacio y en el tiempo que es lo propio de la fábrica moderna. Ya desde hace años, tal coordinación ha ocasionado el crecimiento de las fábricas, que se acompaña de un incremento de los gastos generales; el funcionamiento de la empresa, ya demasiado complejo como para un control eficaz, engendra cada vez un mayor derroche y una ampliación en alguna medida parasitaria del personal afectado a la coordinación. El automatismo, la última evolución de *la máquina*, en la medida en que no solamente permite la repetición de una operación siempre idéntica a sí misma, sino también un conjunto de operaciones diversificadas, no trae ventajas sino en tanto que se lo utilice para producir en serie y en cantidades masivas. El funcionamiento de las máquinas automáticas está ligado pues al desorden y al derroche que acarrea una centralización económica exagerada y crea la tentación de producir mucho más de lo que es necesario para satisfacer las necesidades reales. Además, todo progreso técnico ocasiona muchos gastos a causa de las investigaciones previas, de la necesidad de adaptar a dicho progreso otras ramas de la producción, y del abandono prematuro del material viejo. En suma, es únicamente "la embriaguez producida por la rapidez del progreso técnico lo que hace surgir la idea descabellada de que algún día el trabajo podría volverse superfluo" (15). En nombre de esa utopía, o de la creencia igualmente utópica en que el sistema de producción actual por un simple decreto podría ser puesto al servicio de una sociedad de hombres libres e iguales, los revolucionarios han vertido su sangre en vano. ¿Y qué es la revolución? Una palabra por la cual se mata, se muere, se envía a la muerte a las masas populares, pero "que no tiene ningún contenido" (16). Lo que le pediríamos a la revolución es que nos libere de la opresión, para alcanzar la igualdad. La igualdad está pues ligada a *la libertad*, un valor *ideal* precioso en la medida en que puede orientar el pensamiento del hombre hacia la transformación de la realidad, la construcción de una sociedad libre. No obstante, dicha construcción ideal no puede ser válida sino a partir de las condiciones reales. Para proyectarla, es preciso analizar rigurosamente la situación, es decir, examinar todas las formas de opresión que pesan sobre el hombre en general y aquellas que caracterizan a la sociedad contemporánea.

Ante todo, hay que distinguir entre opresión y subordinación de los designios individuales a un orden social, que resulta indispensable para la organización de una colectividad. La opresión injusta es el resultado de una separación entre quienes ejercen el poder y quienes lo padecen. A medida que se conforma la colectividad, las fuerzas que corresponden a etapas del desarrollo humano se vuelven el monopolio de unos pocos respectivamente; con el tiempo, sobre los ritos (sacerdotes), las armas (guerreros) y actualmente sobre los procedimientos científicos (hombres de ciencia y técnicos). A la desproporción de fuerzas entre el hombre y la naturaleza, que a fin de cuentas es insuperable, se añade la desproporción de fuerzas entre el individuo y la colectividad cada vez más agresiva en su capacidad de alienar el pensamiento y transferirlo a la materia. La culminación de dicha alienación es el automatismo donde la máquina encarna la aplicación de un método separándolo de su comprensión; y el automatismo coincide con la centralización del Estado. Pero el factor más fuerte de la desigualdad, que se origina en ella y la perpetúa, es "una necesidad aún más brutal que las mismas necesidades naturales... la lucha por el poder" (17). Es "un círculo sin salida", pues "para los poderosos conservar el poder es una necesidad vital, ya que su poder los alimenta" y "el amo es temible para el esclavo por el mismo motivo que éste lo teme, y recíprocamente" (18). Además, "todo poder es inestable", ya que "los instrumentos del poder, armas, oro, máquinas, secretos mágicos o técnicos, existen siempre por fuera de aquel que dispone de ellos y pueden ser tomados por otros" (19). La esencia misma del poder es por lo tanto quimérica y convierte a la opresión en algo irreal, antinatural, que no puede dejar de combatirse: "Es una fuerza inhumana contra la cual no hay defensa a la medida humana" (20). Las relaciones de dominación y de sumisión nunca son aceptables sobre la base de un pacto acordado; no hacen más que engendrar una serie infinita de desequilibrios. Como única alternativa posible, Simone Weil propone la supresión de la desigualdad.

Es preciso para ello basarse en el estudio comparativo entre las formas de economía primitivas y las formas de economía más avanzadas. Si para el hombre primitivo la igualdad consistía en la correspondencia entre el pensamiento y la acción y en la relación medio/fin, para el hombre moderno la desigualdad radica en la separación del pensamiento y la acción y en "la inversión de la relación entre el medio y el fin". Dicha inversión, "esa locura fundamental da cuenta de todo lo insensato y lo sangriento que ha ocurrido a lo largo de la historia".

"La historia humana no es más que la historia del sometimiento que hace de los hombres, tanto opresores como oprimidos, el mero juguete de los instrumentos de dominación que ellos mismos han fabricado, y rebaja así a la humanidad viviente a ser objeto de las cosas inertes" (21).

Actualmente, la naturaleza parece dominada, pero es dominada colectivamente, y esa dominación de la naturaleza por la sociedad se transforma en la escala del individuo en un "sometimiento más cercano al que implica la vida primitiva". Bajo el mecanismo colectivo de opresión, "la humanidad termina... [siendo] el juguete de las fuerzas de la naturaleza bajo la nueva forma que les ha dado el progreso técnico" (22).

"Los términos de opresores y oprimidos, la noción de clases, todo está muy cerca de perder cualquier significación de tan evidentes que son la impotencia y la angustia de todos los hombres ante la máquina social, convertida en una máquina de romper los ánimos, aplastar los espíritus, una máquina de fabricar inconsciencia, estupidez, corrupción, apatía y sobre todo vértigo" (23).

Esto ocurre en todos los ámbitos. Simone Weil denuncia la ciencia en cuanto fuente de desigualdad no solamente con respecto a la aplicación de los resultados de la indagación, sino también con respecto al mismo método de investigación. Cuanto más se deposita el saber en códigos simbólicos convencionales y se desarrolla por sectores especializados, tanto más crece la distancia entre las diferentes ramas del conocimiento así como el poder monopolizador de algunos científicos y la imposibilidad de control por parte de los individuos. El "pacto original entre el espíritu y el universo" se ha roto. Es preciso renovarlo "por encima del ídolo social" y "por su cuenta". Simone afirma el valor del *individuo pensante* contra el fanatismo al igual que contra las perversiones de la razón, la razón de Estado, la razón científica, la razón tecnológica, tan peligrosas como el irracionalismo. La condición de la igualdad implica "la rehabilitación de una razón crítica en tanto que libre", es decir, una razón en un nivel más alto, una "filosofía definida como actitud crítica" (24). La igualdad no se mide cuantitativamente de acuerdo al sitio que ocupan los miembros de una sociedad; depende de la relación más o menos consciente que tengan con el mecanismo social. Dicha conciencia debe ampliarse; está ligada al pensamiento; con ello el individuo sobrepasa en algo a la colectividad, porque "el pensamiento no se forma más que en un espíritu que se encuentra solo frente a sí mismo; las colectividades no piensan" (25).

Para empezar, "reaccionar contra la subordinación del individuo a la colectividad implica que se comience por rehusarse a subordinar el propio destino al curso de la historia" (26).

Simone se introduce en la vida fabril para observar verdaderamente y conocer en persona a ese individuo en lucha con la gravedad, en el centro de la mecánica social. Su proyecto era claro; era la encarnación de esa pasión por la verdad cuya confesión hemos leído; le habla de ello a Albertine Thévenon, que le había opuesto sus temores y le desaconsejaba emprender una experiencia así, sobre todo a causa de su salud precaria.

"Mira... tal vez no imagines lo que significa concebir toda la propia vida frente a una misma y tomar la resolución firme y constante de hacer algo con ella, orientándola de un extremo al otro por la voluntad y el trabajo en un sentido determinado" (27).

Ella pretende hacer estallar la burbuja de la ilusión política. Ya en 1934 había tomado la decisión de "retirarse completamente de toda clase de política, excepto para la investigación teórica" (28); su experiencia existencial, sin la cual no es posible tener "la más mínima idea de las condiciones reales que determinan la servidumbre o la libertad para los obreros", se desarrolla más allá de los compromisos y los prejuicios, y la política le parece "la más siniestra broma" (29). De allí extraerá la *filosofía del trabajo* de la cual carece nuestra época, y que constituye en cambio su propia vocación.

Sin ilusiones, sin creerse portadora de una misión, se dedica a la tarea. Estudia los datos internos dentro de sí y en los que la rodean: sus reflejos, sus reacciones dentro de la miseria particular de esa vida de la producción industrial, que es el núcleo de la sociedad moderna, donde la relación amo-esclavo, opresor-oprimido, se expresa, se hace tangible en las máquinas, los horarios, las rejas de hierro, las cajas, los pernos, las ventanillas, el estrépito del metal y la brutalidad de las voces que dan órdenes. Es la gravedad moral que, como la gravedad propiamente dicha, tiene sus leyes. "En el momento en que las estudiamos, nunca seremos demasiado fríos, demasiado lúcidos, demasiado cínicos. En este sentido, en esta medida, hay que ser materialista" (30).

A través de ese materialismo estricto, fiel al mundo, Simone pretende "recobrar el pacto original entre el espíritu y el mundo". "Por donde se ha infiltrado la inconsciencia en el pensamiento y la acción metódica" (31).

Hay entramados entre los datos internos y las circunstancias. Simone penetra esa red por medio de la *contemplación* directa, que está compuesta de *acción* en la cual no nos dejamos engullir; tal es su método, *la atención*, cuya primera fase aplica a la fábrica:

"Disciplina de la atención para el trabajo manual —ni distracciones ni fantasías. Tampoco vértigo. Vigilar continuamente lo que se hace sin dejarse absorber por ello" (32).

Así ella indagaría sobre todo *el tiempo*, que expresa nuestra "impotencia radical para actuar sin intermediarios" (33); en la fábrica, la falta de iniciativa y la monotonía, engendradas principalmente por el trabajo en cadena, subrayan esa sujeción al tiempo. De donde surge que lo importante en una vida humana es:

"... la manera en que un minuto se encadena con el siguiente, y lo que eso le cuesta a cada uno en su cuerpo, en su corazón, en su alma –y por encima de todo en el ejercicio de su facultad de atención– para efectuar ese encadenamiento minuto a minuto" (34).

Ella detecta cuatro padecimientos principales que deforman la vida y el pensamiento de los obreros: el hambre, el cansancio, el miedo, la coerción; son sufrimientos ligados entre sí que forman la trama particular de *la pena* del trabajo. Esa pena, cuya "naturaleza" Simone procura discriminar claramente, puede ser experimentada de dos maneras, como una "lucha victoriosa sobre la materia y sobre uno mismo, o como una servidumbre degradante (las 1000 piezas de cobre al 0,45 % de la 6ª y 7ª semana, etc.)". La subalimentación es permanente y *el hambre* pende del primer golpe fuerte, interrupción del trabajo, herida, luego de lo cual habrá que trabajar tan rápido como de costumbre para satisfacer a pesar de todo las exigencias de esas personas "por quienes en un instante se puede ser condenado a tener aún más hambre". "No se puede más que sacar fuerzas" y volver de inmediato, evitar la tentación de cenar y tener hambre de noche. Como contrapartida: unos billetes a través de una ventanilla. "Contar peso por peso... el dinero se vuelve una obsesión. A causa de él, nunca se puede olvidar la coacción de la fábrica." *El cansancio* está presente, tan amargo "que incluso se desearía la muerte". Para definirlo, "haría falta un nombre aparte". *El miedo* al reloj de entrada, a las bravuconerías que nadie se anima a responder, a hacer mal las piezas por apurar el ritmo, el miedo al menor accidente, se unen en diferentes clases de angustias que oprimen "el corazón". La peor angustia es "sentir que uno se agota y envejece, que pronto ya no podrá más... Hay que apretar los dientes. Sostenerse. Como un nadador en el agua. Sólo con la perspectiva de seguir nadando hasta la muerte". *La coerción* significa "no hacer nunca nada... que constituya una iniciativa". En todo momento, se deben esperar órdenes. "Uno es una cosa entregada a la voluntad del otro." Y como "no es natural para un hombre volverse una cosa... es preciso que uno mismo se pliegue a esa pasividad"; plegándose a ello el alma, que se preferiría "dejar en la casilla donde se marca tarjeta", pero no, hay que "hacerla callar", y a la salida "a menudo ya no se la tiene, porque uno está demasiado cansado" (35). Además, está "la necesidad perpetua de no disgustar". El agobiante sobreentendido de toda esa vida es que "uno no cuenta".

Simone pensaba que la cuestión de los salarios hacía olvidar otras reivindicaciones, en primer lugar la eliminación de un estado de inferioridad social considerado como obvio.

Con el fin de apoyar su proyecto, "una transformación tan radical como sea posible en el sentido de una mayor igualdad dentro de la relación de fuerzas", le escribe a M. Bernard, ingeniero y director de fábrica (estamos en 1936), unas cartas que son el fruto de su experiencia. Pero esa experiencia no fue "una especie de juego" ni una exploración en tierra extranjera. Ella quiso vivir la mecánica social para comprenderla. Y comprendió dos cosas: que la humanidad se divide en dos categorías, "los que cuentan para algo y los que no cuentan para nada", y que la opresión, a partir de un cierto grado de intensidad, "no engendra una tendencia a la revuelta, sino una tendencia casi irresistible a la más completa sumisión" (36). *El espíritu de clase* está determinado por esa condición efectiva de aplastamiento bajo las imposiciones y las brutalidades cuya humillación se reprime sin cesar. De allí surge "la represión perpetua" de ese espíritu de clase, como inhibición de un deseo de justicia, un grito de dignidad que no alcanza a hacerse admisible: es un mal que siempre llega demasiado lejos en cuanto afecta a "la salud moral del obrero". Los jefes, por el hecho de mandar que "no hace fácil ponerse en el lugar de los que obedecen", son indiferentes a esa destrucción, que por otra parte también ocurre dentro de ellos, porque todos son esclavos de la despiadada ley del rendimiento "que pesa con un peso inhumano sobre toda la vida industrial".

Esas cartas, dictadas por la lucidez del amor, constituyen una verdadera guía hacia la belleza de las relaciones humanas, empezando por construir la posibilidad de una *comunicación* donde la expresión del sufrimiento mediante el *habla* espontánea pueda encontrar una *escucha*. Se trata de hacer libres a los hombres. Para ello, hay que aliviarlos de su carga de subordinación y apartarlos de su sufrimiento. Ella realiza tres propuestas en tal sentido: ser para los obreros la mediadora de mensajes en que podrán decir la verdad "sin reservas" en *Entre nous* [*Entre nosotros*], la pequeña revista de la fábrica; una *caja de sugerencias* ya no referida a la producción sino al bienestar de los obreros; *intercambios de visiones* en total igualdad entre interlocutores que viven en condiciones diferentes. En los tres casos, quienes "no cuentan para nada" serán capaces de expresar su sensibilidad y su inteligencia, procurando hacérsela comprender a los jefes, que muy a menudo son hombres que se muestran duros "simplemente porque no comprenden", y que tal vez encontrarán un medio para rectificar al menos en parte algunos de los sufrimientos que hayan sido señalados. Intentar dejar un poco en claro "las necesidades objetivas" de la organización de una fábrica torna menos agobiante cualquier sufrimiento, corre menos riesgo de degradar. "Hay que conmover para interesar." Solamente desde ese punto, piensa Simone, se puede encontrar "un estimulante intelectual para los obreros" (37). En el transcurso de sus intercambios de puntos de vista que objetivaban la situación, llega a reconocer que la ignorancia de los obreros era uno de los obstáculos para una organización más humana y que se podría partir de ello para una serie de artículos de verdadera divulgación. Era una de sus preocupaciones dominantes, que debía realizarse con respeto, ya que el primer principio pedagógico es que "para ilustrar a alguien, niño o adulto, primero hay que hacer que él mismo vea su propio lustre" (38).

Son etapas hacia una humanización de la vida social a través de su imagen más notoria: la vida de una fábrica. *La individualización de la máquina* era su evidente medio principal. En una verdadera *psicología del trabajo*, Simone imagina la "máquina-herramienta" pensable, perceptible, no ajena al hombre, que utiliza la energía propia del hombre de una manera adecuada. Se plantea entonces la cuestión "completamente independiente del régimen político" de un paso progresivo de la subordinación total a una determinada combinación de subordinación y colaboración, "siendo lo ideal la cooperación pura" (39).

Quiere sacar a los individuos de la prisión de sus fortalezas huecas, obra de su miedo y de su avidez. Allí se mantienen encadenados, dejando que sus días se desgranen en un sufrimiento pantanoso que a su vez se puede —y se debe— remediar. Recuperando el verdadero valor del ser humano, Simone verá cada vez con mayor claridad el fin que debe perseguir: "Construir una arquitectura del alma" (40).

Continuará el trabajo sobre sí misma, tempranamente comenzado, y profundizará el trabajo sobre la escritura y sobre lo invisible.

IV. La resistencia al espíritu de barbarie

Ilíada. El motor de la guerra es la desesperación. Trabajo violento sobre sí del alma forzada a adaptarse a una situación en que *todas* sus aspiraciones son lisa y llanamente negadas.
Semejante situación es estrictamente inimaginable...
Los fines de la guerra se olvidan; hay que llegar a negar *todos* los fines. No duran a pesar de ser absurdas, sino porque lo son. Esa desesperación existe en todas partes donde el hombre es *sacrificado* (1).

La guerra era la opresión coagulada, un precipitado de opresión donde la fuerza ejercía su poder de aplastamiento supremo en *la masacre*. Todos los bandos políticos tendían igualmente a la acentuación de la opresión apuntando sobre todo a dos fines: "Por un lado, la subordinación y la dependencia implicadas en las formas modernas de la técnica y de la organización económica, por otro lado, la guerra" (2). Todos tendían también a llevar al extremo la transformación del hombre en cosa inerte; durante una guerra, esa meta se alcanza con *el cadáver*. Pero los medios se han vuelto los amos; es la suprema inversión. Los medios prevalecen sobre los fines.

Dado que el fenómeno de la guerra parece dominar nuestra época por las consecuencias morales y materiales que todo su cortejo de preparativos, reparaciones y nuevos preparativos implica, es preciso estudiar su mecanismo. Es un hecho de política interna, la culminación de la desigualdad en la relación de fuerzas. Dentro de la "mezcla inextricable de lo militar y lo económico" que caracteriza la orientación productiva de la sociedad, "la guerra no hace más que reproducir las relaciones sociales que constituyen la estructura misma del régimen". La subordinación de los trabajadores a los instrumentos de trabajo se refleja en la subordinación de los combatientes a los instrumentos de combate. Y los armamentos, "verdaderos héroes de las guerras modernas", son dirigidos por quienes no combaten (3).

La separación entre el hombre y su posibilidad de pensamiento llega entonces al máximo. La ilusión del poder y la necesidad de mantenerlo con vida le quitan al hombre toda conciencia incluso de sus dolores más instintivos. "Agamenón que inmola a su hija revive en los capitalistas que con ánimo ligero aceptan, para mantener sus privilegios, unas guerras capaces de arrebatarles a sus hijos" (4). La superioridad militar supone la superioridad de la producción. Si el poder en manos de los capitalistas tiene como finalidad el juego de la competencia, en manos de los técnicos de una burocracia estatal tiene necesariamente como fin la preparación de la guerra. Simone preveía en 1933 "la atmósfera moral" de un régimen así, que en nombre de una "religión del Estado", "aniquilaría metódicamente toda iniciativa, toda cultura, todo pensamiento". Al destruir todo aquello que todavía resulta "apreciable" en el régimen burgués, se tendría una opinión oficial de la cual nada podría apartarse, un fanatismo cuidadosamente cultivado para transformar ante las masas la miseria en sacrificio libremente aceptado, una mezcla de "devoción mística y bestialidad desenfrenada" (5).

La religión del Estado tiene sus orígenes en *la idolatría de la fuerza*.

"El imperio de la fuerza configura soberanamente sentimientos y pensamientos."

La *fuerza* rige y determina la vida social, pues no solamente se hace temer, sino que "siempre se hace amar un poco", aun por aquellos a quienes oprime. La debilidad, que no se teme, siempre inspira "un poco de desprecio y de repulsión aun a aquellos a quienes favorece" (6). Hitler ha sido investido con la misión del "jefe" a quien los obreros le han confiado todo, porque les dio la ilusión de la fuerza, al igual que hizo con los intelectuales y los pequeñoburgueses mediante los desfiles en uniforme, los atentados, los aviones usados para la propaganda:

"Y todos esos débiles van hacia esa fuerza como moscas hacia la llama (7)."

Es lo que escribía Simone durante su estancia en Berlín en 1932. Pero ahora, bajo la amenaza de la Segunda Guerra Mundial cuyas culpas se arrojan sobre "la eterna Alemania" como nación fatalmente perniciosa, Simone deja en claro la cuestión de la dominación universal que "no es para nada algo nuevo o inaudito" y que en dos ocasiones en Occidente provino de Francia, bajo Luis XIV y bajo el Directorio y Napoleón. Hace estallar la burbuja retórica de "la Francia eterna", que no resulta pertinente, por lo menos en "lo que se refiere a la paz y a la libertad". Lo que Francia difundió fue la idea del Estado centralizado, "exclusivo objeto de devoción" que fuera inventado por Richelieu, llevado a un mayor grado de perfección por Luis XIV y también por la Revolución y por Napoleón, y que actualmente ha encontrado su "forma suprema" en Alemania (8). Hay una analogía de efectos y de métodos entre las dos naciones: mucho tiempo después de 1815 se siguió temiendo a Francia en el extranjero así como se siguió temiendo a Alemania después de 1918; entre los franceses, la creencia en un derecho hereditario al dominio del mundo y el deseo por la guerra; después de Federico II de Prusia, que tuvo como modelos a Richelieu y a Luis XIV, llegó a desarrollarse en Alemania "la inclinación a ordenar y a obedecer de manera absoluta" y "la inclinación a dominar el mundo por el terror de las armas" (9). En el interior es posible observar, con Luis XIV y con Hitler, el mismo rebajamiento de las mentes y los corazones, una propaganda interna que llega a la perfección, la crueldad de las persecuciones y el silencio establecido acerca de ellas; la política exterior se inspiraba en el mismo "orgullo despiadado", en el mismo "arte experto de humillar", en la misma "mala fe" (10).

Desde Richelieu, quien se había consagrado a ello en cuerpo y alma, el verdadero amo era el Estado:

"La máquina anónima, ciega, productora de orden y de poder, que hoy conocemos con ese nombre y que algunos países adoran. Adoración que implica un confeso desprecio de toda moral, y al mismo tiempo el sacrificio de uno mismo que usualmente acompaña la virtud" (11).

Ese Estado, actualmente definido como "totalitario", es la herencia servilmente acatada de la "civilización" romana que tuvo como idea fija la dominación del mundo entero. Para alcanzar ese fin, los romanos pusieron en práctica sus cualidades, es decir, la seriedad, la disciplina, la continuidad de los proyectos y del método, pero también otros elementos que contribuyeron en gran medida a convertir la historia en "la sede de un proceso darwiniano más despiadado aún que el que gobierna la vida animal y vegetal" (12). Tales elementos son: "La convicción de que eran una raza superior y nacida para mandar... el empleo calculado, pensado, metódico de la más despiadada crueldad, la fría perfidia, la propaganda más hipócrita... una despiadada e inamovible resolución para siempre sacrificar todo al prestigio, sin mostrarse nunca sensible ante el peligro, ni ante la piedad, ni ante ningún tipo de respeto humano... el arte de desarticular con el terror el alma misma de sus adversarios, o adormecerlos mediante la esperanza antes de someterlos por las armas; por último... un manejo tan hábil de las más groseras mentiras que engañaron a la posteridad y todavía nos engañan" (13).

Con su *rechazo de Roma*, Simone expresa una opción existencial, combate el mal de la soberbia nacionalista, que siembra su veneno en todas las conciencias; desmitifica la historia. Es cierto que pronuncia contra los vencedores romanos una requisitoria apasionada que tiende al maniqueísmo y a las "grandiosas simplificaciones históricas" (14); es cierto que, aunque a veces menciona las faltas de los vencidos, les niega toda importancia. Pero también es cierto que nos ofrece una valiosa lección de justicia y de lucha contra los prejuicios. Hace un esfuerzo real para ponerse en el lugar de los olvidados por la historia, de manera que su rechazo se convierte en "aceptación de los otros... de quienes son diferentes por su raza o por su nacionalidad, de los muertos así como de los vivos" (15).

La apuesta es demasiado importante, el peligro demasiado grave, la inminencia de un conflicto "sin un objetivo definible" es demasiado espantosa como para que Simone Weil no se obligue, por *compasión*, a hacer un esfuerzo de *atención* sobre la evolución en el tiempo de la responsabilidad del conflicto que nos toca a nosotros, los hombres del presente. Lo cual implica que se invierta la historia, el pasado petrificado en los textos escolares ("casi hemos aprendido a leer en Corneille y en el *De Viris*" (16)), que se niegue la rutina de la sumisión a las verdades oficiales y que exijamos de nosotros mismos un examen de conciencia sobre el verdadero alcance de nuestros actos políticos con relación al mal y al bien, que nos interroguemos sobre nociones como *barbarie* y *progreso* y que expulsemos las *entidades*, las falsas verdades absolutas, los mitos y los monstruos del vocabulario político y social.

Su estudio de la historia romana, cuyos episodios toma sobre todo de Polibio, Diodoro de Sicilia, César y Appiano, a través de constantes analogías con el hitlerismo, le ha mostrado que la esencia de los dos sistemas, tanto interna como externamente, parecería ser casi idéntica y merecedora "de idénticos términos, sea como elogio, sea como execración". No viene al caso invocar la modificación de la moral y la imposibilidad de semejantes analogías. "Nada permite creer que la moral alguna vez haya cambiado."

"Todo conduce a pensar que los hombres de los tiempos más remotos concibieron el bien, si es que lo concibieron, de una manera tan pura y tan perfecta como nosotros, aun cuando hayan practicado el mal y lo hayan celebrado si resultaba victorioso, exactamente como hacemos nosotros" (17).

Para hablar del bien, Simone escoge las afirmaciones conmovedoras del alma que va a ser salvada en el *Libro egipcio de los muertos*. "Señor de la verdad… Te traigo la verdad. He destruido el mal por ti… No hice llorar a nadie… No le causé miedo a nadie… No he levantado altaneramente mi voz…" Es la expresión de una civilización no contaminada de imperialismo o de brutalidad sistemática. ¿Cómo se ha llegado a que hoy apenas podamos imaginar en sueños que algo semejante pudo ser posible? Porque hemos cedido a la imposición de la fuerza y a su éxito aplastante, la hemos convertido en regla de vida en la educación y en la sociedad, la hemos interiorizado en las relaciones privadas. El culto por la antigua Roma, que siempre ha inspirado en nosotros "tanto actos como palabras", en particular los métodos similares a los de Roma para la conquista y la dominación del imperio colonial francés, obstaculiza la visión del bien, que se vuelve una especie de vago fulgor apartado de la realidad, imposible de alcanzar. El juicio moral se ha destruido, el hombre está perdido, porque "no se puede juzgar una acción, cualquiera sea su fecha, con relación a una concepción de la virtud distinta de la que sirve como criterio para sus propias acciones". "El hombre no está hecho de compartimientos": la admiración hacia determinados métodos circula en torno a él y dentro de él como la sangre, es su alimento; le resulta imposible admirar ciertos métodos de otra época sin hacer que surja dentro de sí mismo una disposición a imitarlos.

Simone Weil realiza en este caso un gran trabajo como pionera, profundizando por debajo de las apariencias, de las grillas clasificatorias de la realidad fijada, cerrada, que a través de su palabra se convierte en realidad inaceptable, en tanto que irrespirable y asesina. Escribirá entonces: "La historia es una trama de bajezas y crueldades, donde algunas gotas de pureza brillan de vez en cuando" (18). Una pureza que ella intentará buscar, porque es la chispa de vida, el principio luminoso que se mantiene oculto en el sufrimiento, la humillación, la debilidad, y que es preciso liberar, apreciar, estimular; hay que encarnarla en lo cotidiano para llegar a manifestarla. En 1934, había escrito: "La buena voluntad ilustrada de los hombres que actúan como individuos es el único principio posible del progreso social" (19). Con tal fin, había que reaccionar ante la subordinación del individuo a la colectividad y, para empezar, "negarse a subordinar el propio destino al curso de la historia" (20).

Allí se inserta la falsa noción de *progreso*; los hombres se entregan a ella embaucados por la seguridad relativa que les proporciona una determinada dominación técnica de la naturaleza. Ahora, ante la perspectiva de una guerra, de un nuevo conflicto europeo o mundial, se sienten particularmente amenazados, sin duda a causa de la potencia de los instrumentos de destrucción que la técnica ha puesto en sus manos. Pero "dichos instrumentos no funcionan por sí solos, y no es honesto pretender hacer caer sobre la materia inerte una situación cuya plena responsabilidad tenemos nosotros" (21). Materia inerte, mecanismo; la historia también lo es; en nosotros hay un aspecto mecánico, pesado, donde se encadenan los engranajes, las ruedas de la fuerza. Para acceder al sentido de la responsabilidad, hay que salir de la máquina. El primer paso es tomar conciencia de nuestro vínculo con ella, de nuestra esclavitud, que en principio es una manera errónea de razonar, mediante lugares comunes que solucionan rápidamente nuestras dudas dentro de una opaca satisfacción colectiva de nosotros mismos. La noción de *barbarie* es uno de esos lugares comunes. Hay dos creencias que circulan: una, propia de los temperamentos algo sensibles, pretende que, por obra del excesivo progreso técnico o por una especie de decadencia moral, entramos en un período de mayor barbarie que en los siglos pasados. La otra, en cambio, compartida en las postrimerías del siglo XIX y hasta 1914, pretende que habría una progresiva disminución de la barbarie en la humanidad que se denomina civilizada. Ambas son erróneas. En cuanto al pasado, basta con abrir cualquier texto antiguo, la Biblia, Homero, César, Plutarco, para encontrar acontecimientos atroces, masacres, exterminios, matanzas gratuitas. En cuanto al contexto histórico en el que ahora estamos sumidos, la ilusión ha sido criminal, "porque no se trata de conjurar aquello que se supone está en vías de extinción" (22), y justamente se aceptó la guerra de 1914 porque no se creía que pudiera ser tan salvaje. Cuando un grupo humano se cree portador de civilización, esa misma creencia lo hará caer en la acción bárbara y la justificará inmediatamente ante su vista. Razón por la cual "nada es más peligroso que la fe en una raza, en una nación, en una clase social, en un partido". Dicha fe nos autoriza automáticamente a buscar las causas de la barbarie fuera del ambiente en que vivimos, entre los "extranjeros". Simone Weil propone pues una de las mayores intuiciones de su perspicacia ética: la barbarie es un "carácter permanente y universal de la naturaleza humana" que puede ser más o menos favorecido por las circunstancias. Y añade este postulado: "Siempre somos bárbaros con respecto a los débiles" (23).

Lo pudo verificar en España, adonde quiso dirigirse en 1936, durante la Guerra Civil, no pudiendo soportar "la situación de quienes se hallan en la retaguardia" y creyendo que participaba en "una guerra de campesinos hambrientos contra los propietarios de tierras y un clero cómplice de los propietarios" (24). Le escribe a Bernanos, después de la lectura de su libro *Los grandes cementerios bajo la luna*, y le cuenta algunos episodios. En Sitgès, una pequeña ciudad, la misma noche del regreso de los milicianos vencidos de Mallorca, se hicieron nueve expediciones punitivas contra fascistas o supuestos fascistas. "Entre los nueve, había un panadero de unos treinta años... su anciano padre, de quien era el único hijo y el único sostén, se volvió loco." En Aragón, tras una breve escaramuza, un grupo de veintidós milicianos capturó a un muchacho de quince años; éste, temblando por haber visto ejecutar a sus camaradas, dijo que lo habían enrolado a la fuerza. Se lo registró y se le encontró una medalla de la Virgen y un carnet de falangista; fue enviado ante Durruti, jefe de la columna, que luego de haberle explicado durante una hora la belleza del ideal anarquista, le dio veinticuatro horas de reflexión para elegir entre la muerte o el enrolamiento contra sus camaradas de la víspera. El chico dijo que no y fue fusilado. "Durruti era sin embargo un hombre admirable en algunos aspectos. La muerte de ese pequeño héroe nunca dejó de pesarme en la conciencia..." En Barcelona, se ejecutaban en promedio unos cincuenta hombres por noche en forma de expediciones punitivas. Siendo Barcelona una ciudad de casi un millón de habitantes, proporcionalmente era mucho menos que en Mallorca. Pero lo esencial no son las cifras. "Lo esencial es la actitud con respecto al asesinato."

Ni entre los españoles, ni tampoco entre los franceses, "estos últimos la mayoría intelectuales, tiernos e inofensivos", Simone nunca vio a nadie "expresar en la intimidad la repulsión, el asco o tan sólo la desaprobación con respecto a la sangre inútilmente derramada". Es la idolatría gregaria conque se cree estar a salvo de la elección entre el bien y el mal. Ella tuvo la sensación de que "cuando las autoridades temporales y espirituales han situado una categoría de seres humanos por fuera de aquellos cuya vida tiene un precio, nada es más natural para el hombre que matar". Hay en eso una "embriaguez" a la que aparentemente es imposible resistir, que brinda incluso un "visible placer" a los simples espectadores; cosa que pudo comprobar en los apacibles franceses a quienes nunca se les habría ocurrido ir a matar ellos mismos.

"Semejante atmósfera borra enseguida el objetivo mismo de la lucha. Pues no podemos formular el objetivo más que remitiéndolo al bien público, al bien de los hombres —y los hombres no tienen ningún valor" (25).

Ningún valor. Mientras que las palabras, palabras vacías de sentido y escritas con mayúscula, tienen un poder absoluto sobre las vidas de los hombres, porque repitiéndolas es como los hombres "derramarán mares de sangre, amontonarán ruinas sobre ruinas". Esas palabras están en pares antagonistas, agitadas como banderas por grupos de hombres que se oponen entre sí. Simone señala un trabajo "que podría preservar a las existencias humanas, aclarar las nociones, desacreditar las palabras congénitamente vacías, definir el uso de las demás mediante análisis precisos".

Tal sería el camino del "pensamiento razonable", capaz de apartarse de las emociones, pero parece intransitable en nuestra época, ya que parecería que en todos los ámbitos hubiésemos perdido "las nociones de límite, medida, grado, proporción, enlace, relación, condición, vínculo necesario, conexión entre los medios y los resultados" (26).

Simone Weil procede a ese análisis estricto y examina el antagonismo entre naciones, la oposición entre fascismo y comunismo, la oposición entre dictadura y democracia que se emparenta con la que existe entre orden y libertad, con la lucha de clases. Cuando se las analiza, parecen fórmulas vacías, y sin embargo han suscitado, a lo largo de la historia humana, "conjuntamente el espíritu de sacrificio y el espíritu de crueldad". ¿Por qué? Porque corresponden a realidades. Detrás del fantasma de Helena de Troya, estaba el ejército griego, estaba el ejército troyano; asimismo, detrás de la palabra nación y las expresiones que de ella derivan, están los Estados, perfectamente reales con sus oficinas, sus prisiones, sus arsenales, sus cuarteles, sus aduanas. Fascismo y comunismo son prácticamente idénticos, la oposición entre ambos es imaginaria; lo real es la aspiración al poder total de uno sobre el otro. "A cada abstracción vacía le corresponde una agrupación humana" (27). Las entidades proceden de organismos cuyo rasgo en común es detentar un poder o tender hacia el poder. Hay necesidad de un poder porque "el orden es indispensable para la existencia", pero la atribución del poder es arbitraria, porque los hombres son semejantes. Pero no debe parecer arbitraria, porque entonces ya no habría poder. Por lo tanto, todo poder se basa en el *prestigio*, es decir, en la *ilusión*; de donde se deduce que debe presentarse como absoluto, intangible y no con su realidad de relación entre las actividades humanas.

"La contradicción esencial en la sociedad humana consiste en que toda situación social se basa en un equilibrio de fuerzas, un equilibrio de presiones análogo al equilibrio de los fluidos; pero los prestigios no se equilibran, el prestigio no tiene límites, cualquier satisfacción de prestigio es una afrenta al prestigio o a la dignidad del otro. Y el prestigio es inseparable del poder. Parecería que allí hubiese un atolladero del que la humanidad sólo podría salir por milagro" (28).

Simone Weil empleará todas sus fuerzas para descubrir la posibilidad de tal milagro. Encontraremos lo esencial de ese trabajo en su escritura, esas miles de páginas, la mayoría póstumas, entretejidas de reflejos, de ecos, vetas de diamante en su caverna interior. Veremos cómo recibe ella el rayo de la trascendencia, el llamado de la luz.

La luz se abre paso a través del *bien*. El ser que se vuelve hacia la luz no puede dejar de efectuar la acción de bien. Dicha acción es "como un lenguaje. Como las obras de arte..." (29). Simone la encarna en el personaje de Jaffier, el héroe de su tragedia *Venecia salvada* que escribió entre 1938 y 1940, sin llegar a terminarla.

En el verano de 1937, al regresar de su primer viaje a Italia, un tiempo único para ella de una feliz entrega a los paisajes, a los encuentros humanos, al arte (con las estatuas de Miguel Ángel en las capillas de los Médicis, la *Cena* de Da Vinci, las iglesias de Florencia, la lectura de los sonetos de Miguel Ángel, los versos de Dante, los *Fioretti* de San Francisco, la música, sobre todo de Monteverdi), Simone recobra en su interior una vocación reprimida desde la adolescencia: la vocación para la poesía. Está llena de fervor; quiere hacer teatro. "¿Por qué no tengo las existencias que me harían falta para dedicarle una de ellas al teatro?", le escribe a su amigo Posternak (30). En 1938, durante su segundo viaje italiano, permanecerá un tiempo en Venecia, y veremos que Venecia resurge encantada como símbolo del *alimento* para un grupo humano en *Venecia salvada*.

En Vichy, a comienzos de julio de 1940, el mariscal Pétain acababa de instalar su gobierno. Los Weil se iban a quedar allí por dos meses. Simone se encontró con antiguos camaradas que siempre habían sido pacifistas y lo seguían siendo; aprobaban el armisticio esperando la conformación de un gobierno republicano que respetara las libertades. Simone se opuso violentamente a sus ideas. "Parecía enferma de ira" (31). Y lo estaba; pensaba que Francia habría debido seguir en guerra. Sentía un pesar, una rebeldía que molestaba a sus interlocutores; la evitaban. Era la muchacha de manos indefensas que quería combatir. Al mismo tiempo, era la misma Simone Weil que en 1928-1929 había apoyado la petición antimilitarista de los alumnos de Alain, con un pacifismo que en aquella época era impopular incluso entre los *thalas**, según Sartre (32); y la misma que había actuado con la palabra y los escritos hasta la víspera de la guerra, luego de haber experimentado en España la contaminación que producía.

La guerra es la culminación del uso de la fuerza. "El contacto con la fuerza es hipnótico, hunde en el sueño" (33). Al manejar un arma (Simone se refiere a la espada), se tiene la ilusión de suspender "la gravedad" sobre otros y se extrae de ello una "ilusión de elevación", "la falsa exaltación" ligada al "poder, al asesinato, a la posesión sexual". Es el triunfo del sueño sobre la realidad.

"¡Y qué pasa con el alma *bajo* la gravedad!" (34). *Venecia salvada* es justamente la síntesis dentro de un microcosmos poético de las ideas y las intuiciones del pensamiento político weiliano sobre las relaciones de fuerza en la sociedad. Aquellos que se creen fuertes y que están embriagados por la ilusión de la fuerza viven un sueño. El sueño es su amo, el sueño que está ligado a la necesidad de los mecanismos interiores: la necesidad de mentirse porque no se tolera la propia impotencia en la tierra. "Ésa es la desgracia destructiva del *yo*, que destruye la realidad, le quita realidad al mundo. Se hunde en la pesadilla. Pero la acción correspondiente también transforma la realidad en sueño" (35).

Tal es la acción de la tragedia, cuyo tema, extraído de una novela histórica del abad de Saint-Réal, es la conjuración de los españoles contra Venecia. El dato es auténtico y el hecho tuvo lugar en 1618. El complot fue concebido por el marqués de Bedmar, embajador de España en Venecia, que permaneció en las sombras y le confió la

---

* Así se les decía en el argot de la École Normale a los católicos militantes. (N. del T.)

ejecución del plan a Renaud, un señor francés de avanzada edad, y a Pierre, un pirata provenzal, capitán y marino destacado. El plan era actuar por sorpresa en plena noche, la víspera de Pentecostés, con la colaboración de gran parte de las tropas mercenarias acuarteladas en Venecia y muchos oficiales, la mayoría extranjeros, al servicio de la ciudad. Se prenderían varios incendios en todos los barrios, matando a todo aquel que intentara resistir. Jaffier, un capitán de navío provenzal, "hizo fracasar la conjuración, de la que era uno de los cabecillas, revelándosela al Consejo de los Diez por piedad hacia la ciudad" (36). En Saint-Réal, la "piedad" de Jaffier, aunque se indica como el motivo de su acto, es interpretada como una cobardía: la resolución que flaquea en el momento en que la ejecución es inminente (37). Considerada luego como un motivo misterioso y absurdo, dicha piedad fue ignorada por los autores y reemplazada por otras justificaciones psicológicas (en Otway, el amor a Belvidera, una patricia de Venecia). Simone piensa en cambio que justamente ese motivo era lo que le daba a la historia una *belleza ejemplar*. Era el gesto de un *hombre atento*, que se apartaba de sí mismo y a través de ese *desapego* podía ver "las cosas claras" y libres del "embrollo de valores mentirosos" (38), en primer lugar la ilusión de la fuerza.

Era la acción mediante la cual "se comunica algo", que resulta ser "algo anormal... en este mundo". "Anormal pero posible, el bien." "De lo cual el arte otorga conciencia" (39).

Simone, para quien el problema de la acción eficaz siempre fue primordial, expresa en *Venecia salvada* la acción de lo absoluto, que es desencadenada por un "retroceso"; al mismo tiempo, expresa la acción soñada, que es dictada por el deseo de compensación. Jaffier, el antihéroe crístico, el "justo sufriente", el héroe despreciado y humillado que es una idea común para los griegos y "el tema central de los Evangelios" (40), efectúa la acción de bien. Renaud, "una mente de una penetración prodigiosa, un tesoro inagotable de alta sabiduría política" (41), es el hombre de acción maquiavélico cuya ambición está al servicio del "yo" deseoso de omnipotencia. Simone se encarna en los dos personajes: Jaffier, que posee la inocencia verdadera, es decir, la pureza que detiene el mal, lo sufre y lo redime por medio de la "compasión", es la acción consciente; Renaud corresponde al aspecto volcánico de su personalidad, que le inspiraba el deseo de estar en el lugar de Weygand durante el inicio de la guerra, que la hacía admirar tan intensamente a T. E. Lawrence y la llenaba de cólera contra Vichy.

Jaffier, un joven lleno de vigor y de un amor que preserva lo cotidiano, coincide con el *animus* de Simone, tal y como se expresa en el equilibrio de su obra. Un equilibrio que tiene la vibración de un sonido sacro en la frontera del tiempo y la eternidad, el ser y el no-ser, el límite (espacio finito) y lo ilimitado (infinito).

En *Venecia salvada*, inconclusa, el gesto de Jaffier es un sacramento: queda inmóvil en la eternidad. Quien lo ha efectuado, lo ha lanzado para siempre hacia la eternidad y se queda vacío. Ha sido el intermediario del bien (ya que, como veremos, el alma consiente el bien, aun sin saberlo). Todo ha sucedido desde el principio.

Ante el "furioso impulso" que arrastra a los otros conjurados, sólo Jaffier permanece "inmóvil" (42); en el primer acto, palidece de piedad por la ciudad; luego, tras haber recibido el encargo de las operaciones militares en lugar de su gran amigo Pierre, le pide consejos a Renaud para "limitar los daños durante el saqueo" (43). Sin haber experimentado una adhesión a la finalidad, reflexiona sobre los medios. El *desapego* (Nota: "Acto II. Hacer sentir que el retroceso de Jaffier es sobrenatural" (44), que es lo único que permite *ver* las cosas que existen, evoluciona en un crescendo hasta la contemplación de Venecia desde lo alto del campanile (Acto II, Escena XVI).

> La ciudad apacible está en mis manos sin saberlo;
> Pero en poco tiempo sabrá que es mía;
> Pues se acerca el duro momento en que de pronto
> Mi mano va a cerrarse y aplastarla.
> Nada puede defenderla. Es débil y yace sin armas
> A mis pies. Ahora, ¿quién podría detenernos? (45)

La paz de la ciudad *inocente* es justamente lo que llama su atención. Es la inocencia de la *vulnerabilidad*. Para Renaud, apegado al tormento natural de su avidez de "desarraigado", esa paz es el instrumento del cual se sirve para llegar mejor a humillar, destruir, dominar.

"...los hombres de Venecia, tan altivos que creen existir... Y desde ahora ya no existen, son sólo sombras.

"Es preciso que mañana ya no sepan dónde están, ya no reconozcan nada en torno a ellos, ya no se reconozcan a sí mismos.

"Es preciso que toda su vida se modifique, su vida de cada día" (46).

Para Jaffier, lo *cotidiano* es lo importante, porque una ciudad "ya no es lo social", es decir, lo ideológico que se debe idolatrar: "Es un medio humano del que ya no se tiene más conciencia que del aire que se respira" (47), por lo tanto, un alimento irreemplazable para un grupo de seres humanos. La capacidad de *verla* así, leyendo su valor en la sensación de realidad frágil que da ("creer en la realidad del mundo exterior y amarlo no es más que una sola cosa" (48)) es la capacidad de amarla con el único amor conque se puede amar a una *patria*. En *El arraigo*, Simone dirá que es el amor compasivo de Cristo por Jerusalén.

La piedad está cargada de una intensa energía, ya que "el pensamiento de la debilidad puede encender el amor al igual que la fuerza, pero con una llama mucho más pura" (49).

Es lo que escribirá en 1943, dentro de su proyecto para curar a Europa. Pero mientras que en esa última época de su vida trabaja con la urgencia de una inspiración extrema para dejarnos un legado con confianza en la buena voluntad extendida de los seres humanos, en *Venecia salvada* se expresa la tragedia del bien traicionado sobre el cual las circunstancias se cierran como un agua negra. En *El arraigo* veremos abrirse paso una luz que transforma la materia (los mecanismos interiores y exteriores); pero en este caso la materia sigue siendo inerte y ciega.

El personaje de Jaffier representa su punto de llegada frente a la acción política, que explícitamente había abandonado en 1934, declarando que pertenecía al linaje de los verdaderos refractarios, "aquellos que se niegan a adaptarse a la opresión y a la mentira" (50), "aquellos que quieren pensar, amar y trasponer en la acción política lo que su mente y su corazón les inspiran" (51). ¿Cuál es su destino? "No pueden más que perecer ahogados, abandonados hasta por los suyos, infamados por la historia después de su muerte..." (52). La acción de bien, subversiva, es solitaria e inevitable. Recordemos el gesto de Alejandro en el desierto: renuncia al agua que le han traído de lejos para compartir el sufrimiento de sus soldados (según "Lo bello y el bien", el tópico de 1926). Es una "acción sorprendente" que nadie, y Alejandro menos que cualquier otro, "habría podido prever". Pero una vez efectuada la acción, "no hay nadie que no tenga la sensación de que así debía ser" (53). Ahora, en un momento más evolucionado de su conciencia poética, anota: "El teatro debe hacer perceptible la necesidad exterior e interior. Sobre la escena, la lenta maduración de un acto, con el universo alrededor –luego, el acto precipitado en el mundo" (54).

Ese acto determinado es para Jaffier inevitable como un poema que se debe escribir, dictado por la coherencia de la fidelidad a la inspiración profunda sobre la base en la cual su alma está orientada, incluso sin saberlo.

Después de la contemplación de la ciudad desde lo alto del campanile, la acción se inmoviliza. Lo que sucede en el alma de Jaffier "sigue siendo misterioso" (55). Revela el complot al Consejo de los Diez, con el juramento de que le garantizarán la salvación de "veinte personas a su elección", los jefes y los principales conjurados. Declara que el único móvil de su revelación es *la piedad*, la única recompensa deseada, el cumplimiento del juramento. Los Diez hacen arrestar rápidamente a todos los conjurados y, luego de una prolongada deliberación, deciden que *la razón de Estado* no les permite cumplir el juramento acordado con Jaffier.

Jaffier atraviesa todas las etapas de la "decadencia –rebelión, amenazas, súplicas, delirio, lasitud– llegando a tocar también el globo árido del sueño" (56) ("¿Acaso existo?... ¿Acaso he sido transformado en animal?" (57)). Está reducido al estado de *cosa*, el mismo estado que la ciudad debía alcanzar. La agonía de Venecia, que él no quiso, se vuelve su agonía.

"El acto precipitado en el mundo." El escenario de Venecia en 1618 es el escenario de Europa en 1940. Las aspiraciones de los mercenarios son las aspiraciones de los nazis; el poder exaltante del totalitarismo español ("El amanecer de mañana se levantará aquí sobre una simple posesión del rey de España, y nosotros lo habremos hecho. Nosotros, un puñado de exiliados..." (58)) es el sentido de fuerza que Alemania extrae de su centralización ("Esa potencia se debe a la unión de los *adolescentes* formados por el régimen y de los *hombres*

–en todos los puestos responsables– formados por el régimen de Weimar o de Guillermo II" (59)). Venecia, "la ciudad" que representa las raíces, un "contacto con la naturaleza, el pasado, las tradiciones" (60), es Europa. La *descomposición moral* amenaza a esos dos ámbitos humanos. "Desarraigar a los pueblos conquistados ha sido siempre y será siempre la política de los conquistadores" (61).

Jaffier, que simboliza la oposición del principio de *debilidad* a la noción de fuerza que desde siempre ha dominado la historia, anuncia mediante su *locura* un proyecto que Simone iba a elaborar bajo el signo de esa misma oposición. Es el proyecto de formación de un cuerpo de enfermeras de la línea de combate; implica un *sacrificio ejemplar* de la vida por parte de *mujeres* que puedan dar pruebas de un coraje amoroso. Dichas mujeres debían estar dispuestas a correr todos los riesgos de los soldados de la línea de combate "sin estar sostenidas por el espíritu ofensivo". En eso consistía la *significación* del proyecto: junto a determinadas ventajas prácticas (el socorro médico inmediato y la correspondiente reconfortación moral), se destacaban las ventajas morales, tal vez de importancia capital con respecto a la conducta general de la guerra. Antes que nada, había que "conmover la imaginación de todos", tal como bien lo había comprendido Hitler; y con ese fin, éste había forjado sus instrumentos: las formaciones especiales, las S. S., hombres dispuestos a morir con el impulso de una inspiración que se asemeja al espíritu religioso. Sin duda, el hitlerismo era "un *ersatz* de la religión", las S. S. hacían su *propaganda* exhibiendo un *heroísmo* que tenía su origen en una extrema *brutalidad*, fruto de la indiferencia ante la muerte en cuanto a sí mismos y en cuanto a todo el resto de la humanidad. Ahora bien, un cuerpo especial de enfermeras ofrecería un *equivalente*, expresión de una *vitalidad moral*, que realizaría una propaganda análoga no a una idolatría, sino a una religión abierta, cuya inspiración no puede definirse por la adhesión a un culto determinado. Uniendo una *frialdad viril*, que impide cuidarse de alguna manera en las circunstancias más peligrosas, y una *ternura maternal*, que hace falta para consolar los sufrimientos y las agonías, esas mujeres mostrarían la pureza y la autenticidad de la inspiración mediante *actos* de un coraje de diferente "cualidad", que es capaz de soportar el espectáculo prolongado de los sufrimientos y de la muerte. Tendríamos allí la oposición simbólica y real de la *humanidad* con la *barbarie*.

"Ese cuerpo por un lado y las S. S. por el otro formarían con su oposición un cuadro preferible a cualquier eslogan. Sería la representación más impactante posible de las dos direcciones entre las que debe optar actualmente la humanidad" (62).

Simone empezaba a pensar en los signos que el ser humano debe trazar en el mapa del universo, mediante su alma que guía a su cuerpo. Profundizará cada vez más el origen, el método y la ejecución de la *creación moral* que es análoga a la *creación intelectual y artística*.

V. Descifrar el deseo de lo real

Desde el momento de su adolescencia en que Simone Weil asumió la exigencia de la verdad, dicha exigencia se convirtió en su destino aceptado. En ese mismo momento, empezó a plantearse para ella el problema de la distinción entre lo *real* y lo imaginario, el *sueño*.

Alain le enseñó a utilizar su mente para observar el mundo en cuanto objeto real, diferente del espíritu. Pero el espíritu libre y fuerte tiene la capacidad de observarlo, analizarlo, trabajar sobre él, describirlo, medirse con él. Y hacer que mediante la acción surja otra realidad. Alain les decía a sus alumnos: "Hay que creer en el bien, porque no existe: por ejemplo, en la justicia, porque no existe. No creer que es algo amado y deseado, porque eso no agrega nada; sino creer en que la voy a hacer" (1).

También hay que tener en cuenta lo *real deseado*. En 1934, Simone lo llama *aspiración a la libertad*, un hecho tan innegable y concreto como la *percepción de la opresión*. La aspiración a la libertad debe ser vivida como "ideal", es decir, como "límite" inspirador "que permite ubicar situaciones reales o realizables dentro del orden del menor al mayor valor" (2). Los dos hechos-sentimientos básicos deben estar presentes en el *contacto* con las situaciones, un contacto que es a la vez *reflexión*. Es el empirismo propio de Simone Weil, un empirismo que nunca es un experimentalismo, sino una *participación distanciada*, que atraviesa el sufrimiento de los hombres, que tempranamente Simone ha interpretado como un signo, un llamado, una piedra de toque, y que se realiza además por el *acercamiento del corazón*. Desde el principio, en Simone Weil dicho acercamiento implícito se ha expresado políticamente por la exigencia de examinar "honestamente" los problemas más allá de todas las tendencias, y filosóficamente por el paso a través del *trabajo*, que permite la percepción de uno mismo y del universo en el espacio y en el tiempo reales que nos han sido dados. El trabajo encarnado en la vida de la fábrica es en nuestra época el terreno de los verdaderos problemas de la política y de la filosofía, y Simone quiso participar en ello *desde abajo*, para verificar en su cuerpo, en cuanto ser humano y en cuanto miembro de una sociedad, los dos hechos-sentimientos de los que hablábamos anteriormente.

En este sentido, Simone ha practicado siempre la lectura del universo por la acción y el pensamiento, por la experiencia y la reflexión. En una primera fase, no la denominó lectura, sino análisis, examen, estudio, observación. Hasta que llegamos a esta nota de trabajo sobre *Venecia salvada*:

"Las cosas como valores son irreales para nosotros. Pero los valores falsos también le quitan realidad a la percepción mediante la imaginación que la cubre, porque los valores no son deducidos, sino directamente *leídos* en la sensación a la cual están ligados.

"Así sólo el *desapego perfecto* permite ver las cosas claras y sin la bruma de los valores falaces" (3).

La noción de lectura está en la base del acto sobrenatural, "anormal pero posible, el bien" de Jaffier. Para ello, hay que prepararse a través del dolor "soportado sin odio y sin venganza", que coincide con el desapego. Luego, en los *Cuadernos* de Marsella, que se escalonan entre 1941 y mayo de 1942, en la página 2 de la portadilla del primer cuaderno vemos la palabra *leer*, subrayada, y la palabra *lectura* aparece primero en la lista de títulos que probablemente eran una serie de encabezados de capítulos con miras a una publicación (4).

¿Qué ha pasado?

A mediados de enero de 1938, Simone, que tenía un puesto de enseñanza en Saint-Quentin, ciudad obrera cercana a París, a causa de sus torturantes dolores de cabeza, se ve obligada a pedir una licencia de dos meses. La licencia será renovada hasta el final del año escolar y luego durante dos años más. Simone ya no volverá a retomar la enseñanza.

Con escritos y declaraciones participa en las actividades del grupo de los *Nouveaux Cahiers* que reunía, en torno al industrial y filósofo Auguste Detoeuf, a industriales, profesionales y políticos. Las reuniones semanales se concentraban en una "reestructuración" de la sociedad francesa, sobre todo desde la perspectiva de una reforma de la organización del trabajo por lo cual también se asumían ideas en el plano internacional. Siempre fue en ese plano que Simone procedió con su campaña contra la guerra. La exigencia de preservar la paz a toda costa, con miras al establecimiento de un verdadero acuerdo internacional responsable entre los pueblos de Europa y también una solución del problema colonial, es la dominante de todas sus intervenciones, aun después de la invasión de Austria por Hitler el 12 de marzo. El 25 de marzo, Simone firma un llamamiento, muy probablemente redactado por ella misma, para una negociación inmediata con Alemania con el objeto de evitar la guerra. En una carta a Belin, uno de los dirigentes de la CGT, propone una "experiencia" que según ella nunca se ha intentado todavía: concederle al adversario, sin guerra, todas las ventajas que pide y también afirma "que una derrota sin guerra es preferible a una guerra victoriosa" (5).

En las Pascuas de 1938 (el 17 de abril), Simone decide seguir los ritos de Semana Santa en la abadía de Saint-Pierre de Solesmes, reputada por la belleza de su canto gregoriano. Son diez días que marcan un giro decisivo en su vida. La búsqueda del sentido de las cosas que había perseguido a través de las circunstancias ejemplares de la época, en la encrucijada individuo-sociedad, de manera horizontal, se aclara por el interior, con el "azar" de un encuentro con Cristo, que es "un contacto real" e imprevisto "de persona a persona, en este mundo, entre un ser humano y Dios" (6). Fue allí, en la penumbra de la iglesia, en medio de sus "intensos dolores de cabeza" por lo cual cada sonido le hacía daño "como un golpe", en donde pudo salir de la "carne miserable" por un "esfuerzo extremo de atención" y encontrar "una alegría pura y perfecta en la inaudita belleza del canto y de las palabras".

"Esa experiencia me permitió comprender mejor, por analogía, la posibilidad de amar el amor divino a través de la desgracia" (7).

Conoció entonces, captándolo en un haz de luz, el valor de la atención, de la belleza y de la desgracia. Si por medio de la atención se puede llegar a percibir la belleza del mundo a través de la desgracia, se ha comprendido. Como Job. Es entonces cuando se empieza a amar, porque sentimos (Simone lo atestigua) "una presencia más personal, más cierta, más real que la de un ser humano; inaccesible a los sentidos y a la imaginación, análoga al amor que se trasluce a través de la más tierna sonrisa de un ser amado" (8).

A partir de ese instante, comienza su aprendizaje consciente de *la lectura* más allá de la razón, más allá de la inteligencia discursiva. Se ha producido el contacto entre "lo infinitamente pequeño" en el centro de su ser y lo trascendente. "El nombre de Dios y el de Cristo" comienzan a inmiscuirse "cada vez más irresistiblemente" en sus pensamientos. Ella empieza a absorber la luz; la lectura de textos religiosos que realiza intensamente junto a los textos históricos y poéticos (empieza con el *Libro egipcio de los muertos*, las *Homilías maniqueas*, la Biblia, de la que sólo le gusta el Cantar de los Cantares, Isaías, Daniel y sobre todo Job) le hace recuperar el linaje oculto y subterráneo de la historia espiritual de la humanidad. Cada vez más, se vuelve hacia la tradición mística en general y hacia los pensadores místicos que en adelante nombrará con frecuencia: Platón, Suso, Meister Eckhart, Juan de la Cruz, Catalina de Siena, el autor del *Bhagavad-Gita*. En cuanto a Francisco de Asís, se "enamoró" de él apenas lo conoció. Para ella siguió siendo el símbolo central de un cristianismo encarnado en la "patria terrestre". Procuraremos seguir los motivos de ese aprendizaje, pues nos concierne a todos. Como siempre, tan solitaria, tan original e irritante, de una presencia "insostenible" (9) en la vida cotidiana, ella se vuelve universal en el anonimato fulminante de su escritura.

Ese contacto con *el misterio*, la esencia sagrada de la vida, de los acontecimientos, de los seres, nos hace reconocer a Simone Weil justamente como uno de los descifradores del mundo de los que hablamos antes: los místicos. Si la comparamos con otras figuras religiosas de nuestro siglo en Europa, como por ejemplo Edith Stein, vemos que su rasgo distintivo y básico es la "polaridad entre el ser y el pensamiento" (10). Tras ese giro, que en mi opinión no puede definirse como una conversión sino más bien como una profundización del camino tomado desde la adolescencia, Simone integra a su pensamiento filosófico y social, a su trabajo manual y a sus proyectos y realizaciones de colaboración práctica con el mundo (todo se da en ella) un ingrediente nuevo de transformación sustancial: "la parte sobrenatural" (11).

Simone Weil con su hermano André. Ella tiene dos años. Él será quien le enseñe a leer.

Simone Weil con su padre, Bernard Weil (1872-1955), en Mayenne. "Mi padre, un excelente generalista, se dedicaba con todo su ser a su profesión, dejándole a mi madre el cuidado de la familia, en particular la supervisión de nuestros estudios." (André Weil).

Simone Weil en 1921, a los doce años.

Simone Weil en el liceo Fénelon (1919-1921), la primera de la segunda fila. "Ella tenía dos años menos que sus compañeras... Sin embargo, 'exaltaba' a la clase."

Simone Weil de vacaciones en Knokke-le-Zoute en 1922. "Nunca olvides que tienes el mundo entero, la vida entera frente a ti." (S.W.)

El filósofo Alain (1868-1951) en el Jardín del Luxemburgo. Simone Weil lo conoce en 1925, en el liceo Henri IV. "Sabía transmitir la confianza en el hombre, la tenacidad en el esfuerzo, el rechazo al desaliento."

Simone como miliciana durante la Guerra Civil en España (1936). "Nada es más peligroso que la fe en una raza, en una nación, en una clase social, en un partido." (S.W.)

Izq., Georges Bernanos en 1936. Simone Weil le escribió una carta que expresaba su situación interior con respecto a la guerra de España. Bernanos siempre llevaba consigo esa carta.

Der., Auguste Detoeuf (1883-1947), ingeniero, industrial, profesor en la Escuela de Ciencias Políticas. Fundador de la revista *Nouveaux Cahiers*, donde publicó Simone Weil.

Simone Weil parte de *la sensación*, que es nuestro punto de apoyo en la realidad. "En cierto sentido", nunca podemos "pensar" más que sensaciones, pero éstas no surgen en nuestra mente. "Leemos a través de ellas"; lo que leemos no es eventualmente "a nuestro gusto" ni totalmente independiente de nosotros (12). Nos volvemos entonces conscientes de que "hay un *misterio* en la lectura, un misterio cuya contemplación sin duda puede ayudar no para explicar, sino para captar otros misterios en la vida de los hombres" (13). Al mismo tiempo, nos percibimos como presentes, con esa presencia que está más allá de nuestro yo inteligible y activo, y que a la vez lo engloba. Es la presencia que vuelve a salir a la luz por el contacto con lo trascendente, cuya "experiencia" tenemos. "Esto parece contradictorio, y sin embargo lo trascendente sólo puede ser conocido mediante el contacto, puesto que nuestras facultades no pueden fabricarlo" (14). Dicha experiencia, como una piedra de toque, nos revela las cualidades y las funciones respectivas de la inteligencia y del amor en la lectura.

Simone Weil distingue la inteligencia discursiva, esa "parte de nosotros que afirma y que niega, que plantea opiniones" (15), que "necesita una libertad completa, incluso la de negar a Dios", del "amor sobrenatural" que "constituye una aprehensión de la realidad más plena que la inteligencia". Lo cual es conocido por medio de la misma inteligencia, "dentro del alma donde existe el amor sobrenatural" (16).

Precisamente nuestra alma puede saber en adelante que aquello que la inteligencia no capta es "más real" que aquello que sí capta. Lo que cambia es la manera de pensar, pero para que dicho cambio no sea ilusorio, es preciso *un trabajo*.

"El mundo es un texto con varias significaciones, y se pasa de una significación a otra mediante un trabajo. Un trabajo en el cual siempre participa el cuerpo, como cuando se aprende el alfabeto de una lengua extranjera, dicho alfabeto debe entrar en la mano a fuerza de trazar las letras" (17).

Hace falta un aprendizaje. Así como el obrero modifica la relación física entre él mismo y la herramienta por medio del aprendizaje, también mediante la lectura cambiamos la relación "física" (¿es la palabra apropiada") entre nosotros y el mundo (18). Así como se dice que por las heridas "el oficio ingresa en el cuerpo", del mismo modo, por medio de los sufrimientos, el universo ingresa en el cuerpo. Para ello, esencialmente no hay que mentirse, algo de lo cual a menudo tenemos una necesidad *vital*; pues al mentir leemos necesariamente de una determinada manera, que guía nuestras acciones de acuerdo con una adaptación para la conservación de la vida física y de la persona. "Único remedio, consentimiento real y perpetuo ante la muerte y la pérdida de todos los bienes perecederos sin excepción" (19). Es preciso llegar a *leer en el mundo las necesidades a las que está sometido el hombre* (20), tomar "conciencia" de lo que leemos. Y es posible, pues, "¿acaso el hombre no es el alma del mundo?" (21).

Entonces, puede aprender a leer y en consecuencia "actuar" como "un traductor". Traductor en forma de actos de los pensamientos reales, y que es preciso examinar bien y evaluar en la *balanza interior*; traductor en forma de actos de los "fulgores" que llegan a la mente de la existencia del mundo y de los hombres. Pues las acciones tienen la capacidad de aumentar o disminuir "el espesor del velo" que me separa del universo y de los otros; pueden ser "una pantalla" más o *una palanca*. También es una palanca *la atención* que formo dentro de mí, como una técnica-virtud.

Hay un primer estadio de la lectura, donde se efectúan varias lecturas a la vez, y hasta una infinidad, donde se capta *la equivalencia de cosas diferentes e incluso opuestas* que en un mismo nivel expresan las mismas necesidades: por ejemplo, *el régimen de las grandes fábricas, y por una parte, el desorden, la descomposición, la propaganda subversiva, por otra parte, el orden totalitario* (22). También aprendemos que es "inevitable" leer más allá de lo que traemos con nosotros, proyectar; del mismo modo, se empiezan a percibir las "interferencias" entre leer y *ser leído* por el otro, lo que la mayoría de las veces conduce a un "diálogo de sordos". Sentimos entonces que es posible ejercer una fuerza sobre el otro, reducirlo a leerse como nosotros lo leemos (esclavitud) o bien forzar a que el otro nos lea como nosotros mismos nos leemos (conquista). La conciencia de dicha fuerza conduce a la reflexión sobre el mal y el bien que uno tiene la capacidad de hacer por medio de una acción efectuada. Se tiene entonces "un poder indirecto sobre uno mismo, del propio estadio presente sobre el propio estadio por venir" (23). No hay que abusar de esa fuerza, sino captar un "momento de detención" y, en el silencio interior, llegar a *leer la duda en cualquier apariencia* (24), observar la lectura propia y la ajena como "equivalentes" (como perspectivas). Es preciso llegar a la *justicia* de la coordinación, en el tiempo con relación a uno mismo y con las lecturas de los demás. ¿Por qué? Porque "en lo inmediato y lo individual, todo es igualmente cierto", pues hay una verdad infinita que se debe respetar por el acuerdo. "El bien en este punto es tomado en cuenta" (25). Amar a los otros como a uno mismo significa

"tener con cada uno la relación de una manera de pensar el universo con otra manera de pensar el universo" (26)

y amarse a sí mismo significa estar de acuerdo con el otro, con el yo del pasado, y con el yo futuro. El *Libro egipcio de los muertos* dice: "No he cerrado mis oídos a palabras justas y verdaderas", por lo tanto, no he sido sordo al otro que siempre "grita en silencio para ser leído de otro modo" (27).

Este acuerdo es *la realidad* con la cual se logra un contacto cada vez más total traspasando el velo de la ilusión: "Del solipsismo a la Identidad Suprema por medio del mundo" (28). Adherimos al universo como un ciego con un bastón. La lectura debe volverse cada vez más un "bastón de ciego". Se trata de "perder la perspectiva". Se llega así al segundo estadio de lectura, que es la *no-lectura*, o participación distanciada en un nivel superior, en el plano del yo-identidad-eternidad, el yo sobrenatural.

Por medio de una transformación metódica de nosotros mismos, el universo se vuelve para nosotros un segundo cuerpo ("Desde una pequeña piedra a mis pies hasta las remotas estrellas", exclama Simone) que existe de dos maneras: como una prolongación de mi cuerpo, por y para *la acción*, como *el bastón para el ciego*, y como un bien, pero también una prolongación del cuerpo por y para *el deseo*, como el tesoro para Harpagón, como Agnès para Arnolphe (29). Porque:

no existe una sensación de realidad sin amor, y ese vínculo está en la raíz de lo bello (30).

Se ingresa en una relación modificada con el tiempo y el espacio. Por medio de *la intuición*, que está más allá de la inteligencia discursiva y que también es corporal, logramos *sentir*, "no simplemente saber", que nos es necesario asociar "el ritmo de la vida del cuerpo" con el del mundo y también sentir "el intercambio perpetuo de la materia" por el cual el ser humano "se sumerge" en el mundo. La respiración mide el tiempo. La percepción, aun en un calabozo, "aun con los ojos y los tímpanos reventados", suministra el espacio. Es preciso "ligar esto con los pensamientos de los cuales deseamos que ninguna circunstancia pueda privarnos" (31). Absolutamente ninguna, ni siquiera la muerte de un ser querido, porque:

la pérdida de contacto con la realidad es el mal, la tristeza.

En tal caso, hay que descender dentro de uno mismo y "recoger el hambre" real que sentimos por ese ausente, cuya presencia se ha vuelto imaginaria. Nuestra hambre está ligada a su ausencia, que en adelante es "su manera de aparecer" (32). No es la nada, sino el sonido del silencio, la luz. En donde podemos entrar por nuestro *yo universalizado*.

Es el ámbito del "arte supremo, un orden sin forma ni nombre" (33), donde existen lo bello, lo verdadero y el bien, que no podemos pensar conjuntamente y que "no pueden ser pensados separadamente" (34). Al eliminar las particularidades del sujeto que lee, seremos capaces de "leer la no-lectura": *la poesía* nos dará "imágenes y palabras que reflejen el estado sin imágenes y sin palabras", *la música*, "sonidos que reflejen el estado sin sonido". En *la estatua griega*, "cada parte es por sí misma y no para enlazar otras partes. Se enlazan por añadidura". De donde surge la conformidad de la naturaleza humana en todos los hombres. Hay una "composición en varios planos" y una "lectura en varios planos" (35). Se ha recorrido un extenso camino, a lo largo del amor sobrenatural, de lo "infinitamente pequeño" que se basa en el misterio, en lo inexpresable y que por ello es posible *reconocerlo*. El arte imita la voz humana "cuando clama hacia algo" y al mismo tiempo evoca "movimientos del alma que siempre son mudos" (36). Las transiciones o modulaciones son la gran dificultad del arte: el intervalo, la pausa entre dos planos del cuerpo, el sitio del silencio en la música. "Que el intervalo no opaque el gusto", sino que lo haga resaltar. Esas pausas son el centro, el recuerdo de algo, a través de un instante de suspensión, en música, "un instante de silencio que obliga al oyente a escuchar el silencio", lo infinitamente pequeño. Allí la eternidad entra en el tiempo. Y el tiempo, que es "la imagen móvil de la eternidad", impone esos intervalos por necesidad; tiene un lugar por varias necesidades, "medida y ritmo, gramática y sentido para la poesía" (37).

El objeto específico de la ciencia debería ser lo verdadero en el mundo, lo que implica la lectura de las *necesidades* a las que el hombre está sometido, pero también de los *pasajes* hacia lo mejor. En el camino de esa búsqueda, la ciencia se demora en distinciones generales, en hipótesis prematuras. Lo que es preciso sentir es que *el hombre está presente*. Por lo tanto, la trama de lo verdadero es inseparable del hombre, de su cuerpo, su alma, la sociedad, el arte. Por interrogarse sobre "la certeza" con respecto a la trama del mundo, éste resulta ser "una ley análoga a una ley de la vida humana, de la cual no dan cuenta las hipótesis sobre la naturaleza de la materia", que se funda en la noción de *límite*. "La cantidad se transforma en cualidad", todo desarrollo desemboca en una modificación, y en toda modificación hay "destrucción desde una perspectiva y crecimiento desde otra". Entre las cosas, existe una continuidad de rupturas y compensaciones; por tal razón, resulta *arbitrario distinguir* las cosas. Hipócrates decía que "las enfermedades curadas de una forma reaparecen de otra"; pero lo mismo sucede en el alma, en la sociedad, en el arte. "Se reemplaza una palabra, una imagen, un verso por otro", la misma imperfección reaparece. Hay que buscar el "pasaje hacia lo mejor", y cuando una doctrina o una ciencia se encuentran delante de "algo [que] *no se ajusta*", deben contemplarlo, no procurar librarse de él, o sea huir y mentirse. Con tal fin, podemos concebir una "ciencia de la naturaleza orientada hacia una técnica de perfeccionamiento interior". Porque:

"La ciencia debe ser una participación en el mundo y no un velo" (38).

El sentido de la trama del mundo es indispensable para la vida consciente, que es la vida orientada hacia el bien. Es preciso sentir "el límite –y por consiguiente, la acción y la reacción, las rupturas del equilibrio que se compensan, las relaciones, la condición", porque ésta es *la ley del mundo manifestado*. Entonces seremos capaces de captar el mundo de la vigilia en una serie de síntesis sucesivas de posibilidades. La conciencia y la realidad, es decir, la capacidad de unir el bien y lo verdadero, son proporcionales a la más compleja síntesis, resultado de una "operación única del espíritu". Esa visión debe tener lugar en el interior y en el exterior del ser. Todo debe ser pensado conjuntamente por niveles: "El vacío... los sistemas realmente captados y leídos en las apariencias sensibles, y el sentimiento de existencia único y continuamente subyacente" (39). El bien supremo, al pasar al cuerpo, es sometido a la distancia, a la gravedad, y en el alma es sometido a las leyes de la "manifestación sutil", por lo tanto, en el límite, a la finitud. Pero es lo infinito, y dentro del hombre existe lo que está en contacto con lo infinito; así lo infinito, la luz, el bien imprimen movimientos de pasaje hacia lo mejor e influyen en el comportamiento del cuerpo y del alma. De lectura en lectura, de analogía en analogía, de síntesis en síntesis, se construye una *jerarquía* en el ser, que Simone ha percibido en su necesidad durante el primer *adiestramiento* (recordemos *la lista de las tentaciones*). Ahora, ella pasa de considerar que una forma del bien consiste en "el dominio de las partes superiores del ser sobre las inferiores" a considerar que "un bien mejor consiste en su superposición equilibrada" (40).

Para que el bien pase a la existencia (41), hay que llegar al tercer estadio de lectura, la no-lectura universal, impersonal. La conciencia del texto único ha prevalecido, le hace falta la coordinación de lecturas múltiples y, por un esfuerzo extremo de *atención*, tiene que lograr configurar una balanza exacta. Pero "una balanza es exacta cuando la atención es idéntica". No actúa *para algo, sino porque no se puede obrar de otro modo* (42). ¿Cómo es posible? Apartándose de la virtud, perdiendo conciencia de ella, estando ausente del bien y del mal.

El arrebato del alma que deja de pensar en algo es el modelo del bien (43).

Es la suspensión final. Puesto que "el espíritu no es forzado a creer en la existencia de nada" y "todo lo que es captado por las facultades naturales resulta hipotético", el único órgano de contacto con la existencia puede ser "la aceptación, el amor", un amor que admite la ósmosis, el amor de un "yo" *descreado*. Sólo el amor sobrenatural da testimonio de la realidad. Así nos volvemos "co-creadores" (44). Como co-creadores, actuamos sobre el otro solamente a fin de cambiar su manera de leer en aquello que Simone llama la tercera manera: *lo bello* (el ejemplo), siendo las otras dos maneras la fuerza (cuya forma extrema es la guerra) y la enseñanza. Si mediante el uso de la fuerza podemos "rebajar a los otros o impedir que sean rebajados", sólo podemos elevarlos mediante la enseñanza (algo que ella había comprobado en su experiencia obrera y también a través de la enseñanza de Alain). Lo bello, encarnado en las acciones humanas, en las existencias, en las relaciones humanas, en las patrias y las ciudades, en los objetos, en los oficios, en la técnica y la ciencia, en las leyes, quedaba por descubrir, evocar, propagar.

Para que el bien pase a la existencia, es preciso que el bien pueda ser causa de lo que ya es enteramente causado por la necesidad (45).

VI. Los alimentos del sufrimiento y la alegría

Puesto que "en el centro del corazón del hombre" (1) existe el deseo nunca saciado de un bien absoluto, al mismo tiempo existe en él la obligación de procurárselo. A lo largo de toda su vida, con el cuerpo y con el alma se topa con la realidad de ese deseo así como con todas las contradicciones insolubles que le impiden alcanzarlo en este mundo. A menos que aprenda ante todo a reconocer su deseo, nombrarlo, utilizarlo, educarlo. A menos que se apodere de su *hambre*, que no se mienta, que preste *atención*. Porque podemos aprender el camino del bien con el cuerpo y con el alma a lo largo de la vida. Simone Weil nos ha dejado el mapa topográfico para ello.

Tomar conciencia de la propia hambre de bien significa recobrar en el fondo de uno mismo el problema religioso como una realidad inherente a la naturaleza humana tal como se expresa en la tierra. Pues el problema religioso coincide con el problema de la elección entre el bien y el mal, que el ser humano tiene que enfrentar en sus acciones, pensamientos, sentimientos y palabras.

Simone Weil nos ofrece la historia de su encuentro con el problema religioso. Es una historia pensada y vivida que nos muestra de manera ejemplar, en mi opinión, *lo natural de la relación religiosa entre el hombre y el universo*. Simone Weil la relata en una carta al padre Joseph-Marie Perrin (la carta IV de la compilación *Espera de Dios*), y la denomina "autobiografía espiritual", deseando que sea un "ejemplo concreto y cierto de fe implícita" (2). Recapitulando su itinerario, ella nos transmite la conciencia de dos niveles: el nivel del ser profundo y el mental. Educada por sus padres y por su hermano en "un agnosticismo completo", nunca hizo el menor "esfuerzo" para salir de él, ni tuvo nunca el menor "deseo" de hacerlo ("con razón"). Sin embargo, "desde el nacimiento, por así decir", ella *sabía*, de manera que ninguna de sus faltas o imperfecciones "tuvo a la ignorancia como excusa". Nunca buscó a Dios, pues desde la adolescencia pensó que "el problema de Dios es un problema cuyos datos nos faltan en este mundo". Por ende, para no arriesgarse a "resolverlo erróneamente", ella no lo planteaba. "No afirmaba ni negaba." Estando en este mundo, "nuestra tarea consiste en adoptar la mejor actitud con respecto a los problemas de este mundo". Existe pues el mundo, y está la adolescente que ya siente su presencia como responsable y que por ello "nunca dudó" en adoptar "como la única actitud posible la actitud cristiana". Nuevamente, se declara "nacida" en "la inspiración cristiana". Y luego creció conservando dentro de sí las nociones más específicas que alberga la concepción cristiana "tan lejos como se remontan [sus] recuerdos" (3).

La noción clave, telón de fondo contra el cual se pueden proyectar las imágenes de la vida y las acciones, es *la muerte*. Simone Weil, aun cuando era "niña y creía ser atea y materialista" (4), siempre creyó que "el instante de la muerte era la norma y la meta de la vida", porque para quienes viven adecuadamente resulta:

el instante en el cual, por una fracción infinitesimal de tiempo, la verdad pura, desnuda, cierta, eterna, entra en el alma (5).

La dimensión de la muerte es el silencio entre dos sonidos, el instante en que la escucha de lo divino es posible con suprema atención. Vivir conscientemente, vivir y no vegetar, es vivir con la conciencia de esa dimensión. En ese punto tuvo lugar para ella la unión entre lo mental y el ser profundo, con la decisión de *la vocación*: el criterio de las acciones rigurosamente personales que la vocación impone se encuentra "en un impulso esencial y manifiestamente diferente de aquellos que proceden de la sensibilidad o de la razón". No seguirlo, aun si ordenara imposibilidades, siempre le pareció a Simone "la mayor de las desgracias". Así entiende ella la obediencia, donde la voluntad del ser profundo se pliega a la inspiración eterna y guía lo mental hacia la ejecución de actos "que no podemos dejar de hacer" (6).

Así explica su ingreso en la fábrica, a pesar de su estado de "dolor intenso e ininterrumpido", ese dolor de cabeza tan terrible que la lleva a decidir un plazo para el suicidio. "No hacer fracasar su muerte" quiere decir alcanzar la verdad, y para ello hay que transformar la vida en un constante esfuerzo de atención. "Durante diez años" (entre 1930 y 1940), la certeza de ese objetivo la hace perseverar en unos esfuerzos de atención "que ya no se basaban casi en ninguna esperanza de resultados" (7).

Entonces ocurrió el encuentro, el "contacto real" (8); fue "tomada" por Cristo, "no sólo implícitamente, sino conscientemente" (9). Todas las virtudes que muy tempranamente había reunido bajo el nombre de verdad, espíritu de pobreza, pureza, aceptación, amor al prójimo, virtudes cuyas nociones le habían dado "la impresión de haber nacido en el interior del cristianismo" (10), la hacen reflexionar sobre la posibilidad de una adhesión explícita al dogma cristiano mediante el bautismo. La cuestión del bautismo es justamente el tema central del diálogo entre Simone Weil y el padre Perrin, entre el 7 de junio de 1941 y el 26 de mayo de 1942, respectivamente el día de la primera visita de Simone al padre en Marsella y la fecha de su última carta dirigida a él desde Casablanca, en camino a los Estados Unidos.

El intermediario del encuentro de Simone con Cristo, con Dios, con el Amor, es *la belleza*, esencialmente la belleza del canto gregoriano en Solesmes y la belleza de un poema inglés del siglo XVII: *Love*. En 1938, durante los ritos de Semana Santa, "la belleza inaudita del canto y de las palabras" se une a la atención de Simone proporcionándole "una alegría pura y perfecta" más allá de su "carne miserable" que logra "dejar sufrir sola, acurrucada en su rincón". Asimismo, el recitado del poema, que Simone realiza "adhiriendo con toda el alma a la ternura que contiene", le permite salir de sus violentas crisis de dolores de cabeza. Si la experiencia del canto gregoriano le permite, "por analogía, comprender mejor la posibilidad de amar el amor divino a través de la desgracia", el recitado del poema provoca el contacto directo: "Durante uno de tales recitados... Cristo mismo bajó y me tomó" (11). En el poema, el Amor mismo sirve al invitado miserable, que se siente cubierto de polvo y de pecado y no se cree digno de probar el alimento que le hace falta. El Amor está sonriente, consuela al invitado temeroso, abrumado de vergüenza, al que conoce bien: "–¿Quién, más que yo, hizo esos ojos? –Es verdad,

Señor, pero yo los he ensuciado… –¿Y no sabes acaso, dice el Amor, quién ha cargado con la culpa?… – Tienes que sentarte, dice el Amor, y probar mis manjares." "Así que me senté y comí." Todo está perdonado. Simone acepta el alimento del Amor.

Hasta entonces, Dios le había impedido "misericordiosamente" leer a los místicos, y Simone está segura de que la sugestión no jugó ningún papel en ese contacto, cuando sintió "a través del sufrimiento la presencia de un amor análogo al que se lee en la sonrisa de un rostro amado". Mediante la facultad del amor sobrenatural, ella ha rozado *lo irreductible* que está presente en "todas las partes de la vida humana", así como por ejemplo en "la eucaristía". Lo irreductible, el misterio, lo inconcebible "en lo bello –el mar, el cielo… el dolor físico". "Existencia de algo distinto a mí… impenetrable para la inteligencia" (12).

Y esa parcela irreductible de luz va a penetrar con otra claridad en sus lecturas: los textos, Platón, en quien ella percibe a "un místico", la *Ilíada*, que siente como "bañada en luz cristiana", el *Bhagavad-Gita*, cuyas "palabras maravillosas y de una resonancia tan cristiana" le hacen sentir con fuerza que "le debemos a la verdad religiosa… una especie de atención categóricamente muy distinta" de la concedida a un bello poema (13). La desgracia y la alegría; la fe y la esperanza.

En la desgracia y la alegría, la misericordia de Dios se manifiesta de igual modo. Simone lo sabía "con la certeza de la experiencia". "La he sentido", dice ella. Su capacidad de comprensión y la gratitud por ello resultan desbordadas. Ella considera que en dichas manifestaciones no hay un análogo humano. El hombre puede ser misericordioso con el don de la alegría, o bien cuando inflige un dolor con miras a efectos externos, curación del cuerpo o educación. Por el contrario, los efectos exteriores de la verdadera desgracia siempre son malos. Pero en el centro mismo de la desgracia es donde "resplandece" la misericordia divina. Ese centro inconsolable donde el alma grita "Dios mío, ¿por qué me has abandonado?" y sin embargo no deja de amar, está en contacto con algo que ya no es la desgracia, ni tampoco la alegría, que es "la esencia central, esencial, pura, no sensible, común a la alegría y al sufrimiento, y que es el mismo amor de Dios" (14).

Así, "a través de los velos de la carne, recibimos desde lo alto presentimientos de eternidad" (15). La *fe* se desarrolla entonces como "una actitud de todas las partes del alma distintas del amor sobrenatural con respecto a aquello que no pueden aprehender y en tanto que no aprehendido" (16). La fe es pues una orientación hacia la lectura justa y hace que se propague *la esperanza*, que es "la intrepidez en las cosas espirituales" (17).

Todas esas percepciones cuya presencia es intensa contribuyen a hacer emerger el ser profundo, expandiéndolo, haciéndole sentir que su libertad está allí, arraigada en el interior. La libertad se encuentra en la intersección entre la naturaleza animal del hombre, dominada por "la necesidad mecánica", y su alma, que podrá hacerlo escapar de esa necesidad en proporción con el sitio que le conceda a lo "sobrenatural auténtico" (18).

El pacto del silencio y la escucha de lo divino

Una vez que la semilla se abre dentro del alma, crece y se ramifica en todo el ser de Simone. La interpretación sagrada, religiosa en el sentido de un vínculo entre lo humano y lo divino, aclara y profundiza como un prisma con otra dimensión todos los pensamientos, orientaciones, intuiciones, experiencias interiores que Simone va a registrar en sus *Cuadernos* de Marsella y de América (entre los primeros meses de 1941 y octubre de 1942) así como en sus ensayos espirituales destinados al uso práctico por intermedio del padre Perrin. Todas las líneas de esos textos se nutren de un profundo silencio interior, desde donde Simone se comunica con nosotros. En plena transmutación orgánica en las intervenciones abiertas de los *Cuadernos*, con el rigor flexible (elasticidad que es uno de los rasgos de su estilo) de una enseñanza entre iguales en los ensayos: "Reflexiones sobre el buen uso de los estudios escolares con miras al Amor de Dios", "El Amor de Dios y la desgracia", "Formas del amor implícito a Dios".

El tono secreto del diálogo, su dimensión emocional en los dos grupos de textos es *la amistad* en el sentido weiliano del término, que veremos luego.

El problema de la relación entre los fines y los medios empezó a preocuparle muy pronto a Simone Weil, con respecto a su propia existencia ("imaginar toda la vida frente a sí... tomar la resolución firme y constante de hacer algo con ella... orientarla de un extremo a otro en un sentido determinado por la voluntad y el trabajo" (19)), con respecto a su compromiso político que pretende ser constructivo (para una *revolución eficaz*, en 1931-1932; su "idea esencial" de 1934, basada en la importancia prioritaria de "las consecuencias implicadas por el mismo mecanismo de los medios puestos en acción" (20)); ante la guerra, donde se consuma la masacre del hombre. Y entonces "la desesperación" de una situación que niega *todas* las aspiraciones obliga al alma a "negar *todos* los fines" (21). Es la materia compacta, sólida. Es el derrumbe final de "la máquina" que ha seguido funcionando "según sus propias leyes" (22).

Ahora que ha alcanzado, mediante la *certeza* del amor sobrenatural, el fin que la inteligencia no puede captar, pero que *sabe* más seguramente de lo que puede captar, Simone se concentra en *los medios*. Todos ellos surgen de una fuente fundamental: *la atención*.

¿Qué atención? Si bien está arraigada en su experiencia vivida y pensada en la fábrica, en los estudios y en su enseñanza, en la guerra, será otro tipo de atención, para otra dimensión de vida, que corresponde a otro nivel interior.

En la fábrica, con miras a una educación científica, articulada en cuatro cosas por aprender: *el método, la gimnástica de la imaginación, la crítica, la comprobación* (23), pensaba en una indispensable "disciplina de la atención", que esencialmente consistía en controlar "lo que uno hace sin dejarse absorber por ello" (24). Ahora que tiene en vista una *educación para lo sagrado*, la atención se vuelve la facultad primaria que hay que desarrollar. Con miras al amor de Dios, es decir, la *fe*, con miras al amor al prójimo, es decir, *la compasión* (caridad y justicia), con miras al amor del mundo, es decir, el *verdadero patriotismo*, con miras a la amistad, es decir, el amor a la vez personal e impersonal que debe circular en la sociedad y unir a los hombres con Dios a través de Cristo.

Ella parte de los estudios escolares, porque "la atención es su núcleo" (25) y por ello son las ocupaciones más cercanas a Dios. Vivir en el nivel más elevado del ser, en el desapego, es lo que Simone les proponía a sus alumnos de Roanne en 1933-1934 cuando les decía:

"Ser un hombre es saber separar el 'yo' de lo 'mío'*. Ese trabajo debe hacerse incesantemente" (26).

La condición para dicho trabajo es la conciencia atenta. Ahora que ha alcanzado el umbral de lo trascendente, Simone ve todas las ocupaciones humanas como *metaxis***, *puentes* hacia la dimensión de lo trascendente que puede ser esperado y evocado por el alma dispuesta al consentimiento. Y el alma se prepara mediante la atención. Dado que "la plegaria está compuesta de atención" y que incluso es "la orientación hacia Dios de toda la atención de la que es capaz el alma" (27), se deduce la importancia de los estudios para el alma humana. Unos estudios cuyo *sentido* ella propone en un nivel mucho más profundo que el comunmente abordado por las reformas: el nivel "en el cual, a través de la diversidad de materias y métodos, se da el encuentro entre la inteligencia y la verdad" (28). El "verdadero fin y casi el único interés de los estudios" se vuelve "la formación de la facultad de atención" (29).

Dicha atención debe ser pura y desinteresada. En primer lugar, debe insertarse en *la fe*, que es "su condición indispensable" (30). Debemos creer que, así como nunca se pierde el menor esfuerzo hacia el bien, tampoco se pierde nunca ningún esfuerzo de atención pura, aun si en apariencia resulta estéril, porque le añade "un poco de oro a un tesoro que nada en el mundo puede arrebatar" (31). Todo esfuerzo de atención verdadera es siempre "plenamente eficaz espiritualmente y... por añadidura, en el plano inferior de la inteligencia, ya que toda luz espiritual esclarece la inteligencia" (32). Se verá recobrado más tarde en la plegaria e igualmente en otro ámbito ajeno al tema estudiado (desde un problema de geometría cuya solución no encontramos hasta el descubrimiento de la belleza de un verso de Racine). Simone da el ejemplo del cura de Ars cuyos vanos esfuerzos sobre la lengua latina

---

* Traducimos así la distinción que existe en francés entre el pronombre de primera persona como sujeto y como objeto del verbo. Literalmente, dice: separar el *je* [yo] y el *moi* [yo]. (N. del T.)
** Del griego *metaxý*: "en medio, en mitad", usado también con artículo: "lo intermedio". (N. del T.)

rindieron sus frutos en "el discernimiento maravilloso" con el cual descifraba las almas de sus penitentes aun si permanecían silenciosos.

Nos hallamos pues en el mismo dominio de lo trascendente cuyo *contacto* había esclarecido la lectura de Simone. Las certezas que fundamentan la fe en el valor de la atención son la clase de *certezas experimentales* en las cuales, sin embargo, es preciso creer antes de haberlas comprobado, o al menos dejarse conducir como si se creyera en ellas. Diría que todo el ámbito de la fe en el seno del hombre es el punto de intersección donde el contacto tiene lugar, el contacto entre lo trascendente que baja y el nivel del alma que sube. La fe es primero "tenebrosa y sin luz" (33). Su mejor sostén es la garantía de que si uno le pide pan a su padre, éste no le dará piedras. Si incluso fuera de toda creencia explícita, un ser humano hace un esfuerzo de atención con el único deseo de "volverse más apto para captar la verdad" (34), desarrollará esa aptitud.

La atención debe ser pura en el sentido físico del término, libre, originaria, apropiada al nivel en que se ejerce. El estado de atención que hay que alcanzar requiere un esfuerzo muy grande, el más grande, puesto que en nuestra alma existe algo "que rehúye la verdadera atención mucho más violentamente de lo que la carne rehúye el cansancio" (35). Entonces entra en acción el antiguo enemigo de Simone y también nuestro: la pereza, su "tentación más fuerte y con mucho" (36) y nuestra obstrucción a la libre fluidez de la observación distanciada, de la energía de contacto. Una vez superado ese paso inicial, el esfuerzo ya no debe acarrear cansancio. Por el contrario, a menudo se derrocha un "tipo de esfuerzo muscular" que termina cansando y da la impresión de que se ha trabajado. Es una ilusión, esa clase de esfuerzo es "completamente estéril, incluso realizado con buena intención" (37). *La voluntad*, que le hace soportar el sufrimiento al aprendiz del trabajo manual, casi no tiene cabida en el estudio.

La inteligencia sólo puede ser conducida por el deseo. Para que haya deseo, es preciso que haya placer y alegría. La inteligencia no crece ni da frutos sino en la alegría. La alegría de aprender es tan indispensable para los estudios como la respiración para los corredores (38).

La atención consiste en "suspender el pensamiento". Deberán mantenerse los diversos conocimientos adquiridos que estamos forzados a utilizar "en un nivel inferior y sin contacto con el pensamiento", que entonces deberá sostenerse "como un hombre en una montaña" cuando mira delante de él y al mismo tiempo percibe por debajo muchos bosques y llanuras. Pero no los mira. El pensamiento (ese hombre) está "disponible, vacío... en espera... listo para recibir en su verdad desnuda al objeto que va a entrar en él" (39).

La atención debe ser pura también en el sentido del *desinterés*. Así como al escribir se traza la forma de las letras sobre el papel, no considerando la forma sino la idea que se quiere expresar, del mismo modo, al estudiar, hay que avanzar sin tomar en cuenta las realizaciones sociales o intelectuales o la voluntad (es decir: rendir bien los exámenes, tener buenas notas, desarrollar los gustos y las facultades naturales), sino más bien dedicándose a los ejercicios de cualquier índole con una sola intención: "efectuarlos correctamente" con "la idea de que todos sirven para formar esa atención que es la sustancia de la plegaria" (40).

Se podrá descender así hasta la raíz de los errores (contrasentidos de las versiones, absurdos en la solución de los problemas de geometría, torpeza de estilo y desaciertos en el encadenamiento de las ideas en una disertación), pues todos provienen de que el pensamiento se ha "precipitado" prematuramente sobre algo.

"La causa es siempre que se ha querido ser activo; se ha querido buscar" (41).

La bisagra entre la paciencia y la impaciencia debe imponerles *el límite* a la voluntad y al deseo. Para cada ejercicio escolar hay una manera específica de *esperar la verdad* con deseo y sin permitirse buscarla. Los profesores, y también los guías espirituales, tienen hacia los estudiantes y los discípulos el deber de enseñarles ese *método*. El sentimiento central de dicho método debe ser "la analogía entre la actitud de la inteligencia en cada uno de los ejercicios y la situación del alma que, con la lámpara bien provista de aceite, espera a su esposo con confianza y deseo" (42).

Para que la atención se transforme en comprensión de lo que es el amor, es preciso que contemple la desgracia.

¿Qué es la desgracia? En su "Autobiografía espiritual", a propósito de su año en la fábrica, Simone Weil escribe: "Hasta entonces... sabía que había mucha desgracia en el mundo, estaba obsesionada por ello, pero nunca la había constatado mediante un contacto prolongado. Al estar en la fábrica, confundida para todos y para mí misma con la masa anónima, la desgracia de los otros entró en mi carne y en mi alma... Y recibí para siempre la marca de la esclavitud" (43).

En la verdadera desgracia, en efecto, una vida es afectada en todas sus partes: social, psicológica, física. "El factor social es esencial." Es la decadencia inexpresable: un ser golpeado por la desgracia "se debate en el suelo como un gusano aplastado a medias"; aquellos a los que encuentra y que no conocen la verdadera desgracia, aunque hayan sufrido mucho, no podrán decirle nada. Y los que hayan sido tan "mutilados" como él serán casi incapaces siquiera de desear prestarle auxilio. La desgracia vuelve a Dios ausente, "más ausente que la luz en un calabozo oscuro" (44). La naturaleza carnal del hombre le es común con el animal: las gallinas se lanzan a picotazos sobre una gallina herida. Exceptuando a aquellos cuyas almas habita Cristo, todo el mundo desprecia más o menos a los desdichados. Es una ley de nuestra sensibilidad, que siente desprecio, repulsión, odio ante la desgracia en los otros y en nosotros mismos, penetrando hasta el centro del alma. La desgracia es ridícula. "La desgracia es ante todo anónima; priva a quienes apresa de su personalidad y los convierte en cosas. Es indiferente." Los congelados por la desgracia "ya nunca más recobrarán el calor. Nunca más creerán que son alguien" (45). (Recordemos el horror de la guerra, donde "todos los fines son negados".) Inyecta en el alma "un veneno de inercia"; y el alma así infectada ya ni siquiera anhela su liberación, se instala en la desgracia, incluso está aparentemente satisfecha. Llega a convertirse en esclava de la desgracia parasitaria que la conduce a sus propios fines. Ese impulso de embrutecimiento en la desgracia convierte en "odio" la gratitud que se debería sentir con respecto a una buena acción que le puso fin a la desgracia.

La desgracia es "el gran enigma de la vida humana" (46). Lo que sorprende en la desgracia es que Dios le haya dado "el poder de capturar el alma misma de los inocentes y de apoderarse de ella como ama suprema" que marca el alma con el sello de la esclavitud; y al igual que entre los romanos, "un hombre pierde la mitad de su alma el día en que se vuelve esclavo"; el que está marcado por la desgracia "no conservará más que la mitad de su alma" (47).

¿Qué había aprendido esencialmente Simone Weil con su experiencia obrera?

"La sensación de que no poseo ningún derecho, cualquiera sea, a nada (cuidado con no perderla de vista). La capacidad de bastarme moralmente por mí misma, de vivir en ese estado de humillación constante sin sentirme humillada ante mis propios ojos" (48)...

Ésa era la base de la verdadera dignidad: comprender el valor de uno mismo en medio de las más duras circunstancias. Era el camino de la igualdad y la justicia. Allí se había internado hasta el fondo de su ser y se había visto a contraluz sobre el telón de fondo de la sociedad. Ahora contempla el alma en conflicto con el mal que a través de la desgracia la captura, la interpela, la combate, la endurece, la hunde en las tinieblas sin amor. La marca de la desgracia imprime en el alma "esa sensación de culpabilidad y de suciedad que el crimen lógicamente debería producir y no produce". El mal habita en el alma del criminal, pero es sentido en el alma del inocente desdichado.

"Todo sucede como si el estado del alma que en esencia le corresponde al criminal hubiese sido separado del crimen y ligado a la desgracia; e incluso en proporción con la inocencia de los desgraciados" (49).

Si Job grita su inocencia con tanta desesperación es porque él mismo ya no logra creer en ella, ya no escucha a su conciencia. Resulta difícil liberar a un desgraciado sobre todo de su desgracia pasada. La gracia de Dios puede hacerlo, aunque tampoco alcance a curar en este mundo "la naturaleza irremediablemente herida. El cuerpo glorioso de Cristo aún tenía las llagas" (50). La única posibilidad de salvación para el alma consiste en la posibilidad de guardar una sola chispa de su capacidad de amar; porque si en las tinieblas deja de amar, la ausencia de Dios se vuelve definitiva y el alma cae desde este mundo en algo muy similar al infierno.

"No podemos aceptar la existencia de la desgracia sino considerándola como una distancia" (51).

Una distancia que no disminuye en nada el amor, sino que incluso lo torna consciente de su fuerza que triunfa sobre la necesidad. Dios ha creado "todas las formas del amor" y... "seres capaces de amor con todas las distancias posibles". Él mismo llegó a la distancia infinita, en la Cruz. Entre Dios y Dios como Cristo, está "la infinita separación" de toda la creación; escalonada a través de la totalidad del espacio y del tiempo, compuesta de materia mecánicamente brutal, está la Encarnación de la Pasión. El desgarramiento supremo de esa *separación*, dolor incomparable, maravilla del amor, es la crucifixión, que al mismo tiempo expresa el vínculo de la suprema *unión*. Son "como dos notas separadas y fundidas", es "la Palabra de Dios". Podemos oírla en una música de gran pureza, y también cuando hemos aprendido a escuchar *el silencio*.

Con el silencio, por medio de la gracia, Dios baja a través de "la infinidad del espacio y el tiempo" a buscar al alma. Es su "amor infinitamente más infinito" que llega puntualmente. "Tenemos el poder de consentir en recibirlo o rechazarlo." Somos un punto en esa distancia, un punto en el mecanismo. Si consentimos, ya no permanecemos en el mecanismo, como cómplices de su opresión ciega, en la inconsciencia. Lo que llamamos el mal no es más que ese mecanismo; los crímenes humanos que son la causa de la mayoría de las desgracias forman parte de él, porque los criminales no saben lo que hacen. Si consentimos, "Dios pone en nosotros una pequeña semilla y se va". Desde ese momento, ni Dios ni nosotros tenemos más nada que hacer, salvo esperar. Solamente debemos no arrepentirnos de ese "sí nupcial" que nuestra alma ha pronunciado. La semilla crece sola, pero no podemos dejar de destruir aquello que la estorbaría: yuyos, malezas que a veces forman parte de nuestra misma carne. Esa operación es violenta. Llega un día en que el alma verdaderamente ama, con un amor increado. Es entonces cuando atraviesa a su vez el universo para llegar a Dios, cuando ve la necesidad como "perfecta obediencia", cuando niega sus propios sentimientos para dar paso al amor de Dios y hacia Dios. "La desgracia es una maravilla de la técnica divina" (52). Como la punta de un clavo, transmite la inmensidad de la fuerza ciega, brutal y fría, la distancia que separa a Dios de la criatura, en el centro de un alma. La semilla ha crecido hasta volverse "el más hermoso de todos los árboles". Sabemos bien a qué se parece. "Ningún bosque tiene alguno semejante." Se ha vuelto indesarraigable. El hombre cuya alma es atravesada por ese clavo (dolor físico, miseria del alma y degradación social) no tiene ninguna participación en esa operación. Pero a través del horror, puede insistir en "querer amar". Pues el mayor dolor deja intacto "ese punto del alma que consiente en una buena orientación" (53). Según una dimensión totalmente distinta, ese clavo ha perforado un agujero "a través del espesor de la pantalla que separa al alma de Dios". Mediante esa dimensión, sin abandonar el instante y el lugar en que se halla su cuerpo, el alma puede atravesar la totalidad del espacio y el tiempo y llegar a la presencia de Dios. Se encuentra en el "punto de intersección" entre la creación y el Creador. Ese punto está en el "cruce de los maderos de la Cruz" (54).

"Solamente hay que saber que el amor es una orientación y no un estado del alma" (55).

La vida consciente

Una vida así es la expresión de la orientación del amor, esencialmente, la orientación religiosa del alma.

El alma oye el mandato "ama a Dios" antes de su consentimiento nupcial al descenso de Dios en su persona. Siente una "obligación permanente" cuyo objeto no puede ser Dios puesto que Dios no está presente. Podemos llamarlo "amor indirecto o implícito a Dios" o bien, según la frase llena de ternura de Simone, "amor envuelto". No puede haber más que tres objetos inmediatos, los únicos en los cuales Dios está realmente, aunque secretamente, presente: *las ceremonias religiosas*, *la belleza del mundo* y *el prójimo*. Son "tres amores" a los cuales tal vez haya que agregar *la amistad*.

Ese amor envuelto puede vivir en una criatura con gran fuerza y pureza durante mucho tiempo, en muchos "quizás hasta la muerte", predominar de una o de otra forma según las circunstancias, el temperamento y la vocación. Conviene al período preparatorio. Los tres amores no desaparecen cuando surge en el alma "el amor explícito a Dios"; cuando son reales, se vuelven infinitamente más fuertes "y todo eso junto no forma más que un solo amor" (56).

"Cada una de las formas de las que es capaz ese amor, en el momento en que toca el alma, tiene la virtud de un sacramento" (57).

Entramos y salimos sin esfuerzo del estremecimiento de esas páginas; mediante círculos concéntricos, volvemos a encontrar etapas análogas de recorridos diferentes que son un solo recorrido, a lo largo de una espiral de ascenso y descenso entre el ser humano y Dios. En el punto central de la espiral, está Cristo, con la Encarnación de misericordia y redención (ayuda al samaritano, fuerza otorgada al débil), con la humanización de la materia por la belleza del mundo; con la hostia eucarística, donde se halla en la más alta vibración de su presencia real y secreta.

Cuando dos seres humanos tienen que obrar juntos y tienen igual fuerza, es preciso que se entiendan. Se examina entonces *la justicia*, que es lo único capaz de hacer coincidir dos voluntades, llegando al "mutuo consentimiento", que debe ser la regla de los intercambios. *La balanza en equilibrio* ha sido en todos los tiempos, y sobre todo en Egipto, el símbolo de la justicia. Es "el pensamiento común de los que piensan separados", la imagen de ese Amor que une en Dios al Padre y al Hijo. Pero cuando hay un fuerte y un débil, no hay más que una voluntad, la del fuerte; el débil es como una cosa: parte de la materia que sufre. En tal caso, "*la virtud sobrenatural de la justicia*, cuando uno es superior en la desigual relación de fuerzas, consiste en conducirse exactamente como si hubiese igualdad" (58). Exactamente en todos los detalles de tono y actitud, porque un detalle puede bastar para arrojar al inferior al estado de materia que siente como naturalmente suyo. (Recordemos a aquellos que no contaban "para nada" en la fábrica y cómo Simone había querido ponerse en su lugar.) Cuando alguien es inferior, la misma virtud consiste en reconocer que "la generosidad del otro" es la única causa de ese tratamiento, es decir, de experimentar el reconocimiento. Se ha dado entonces "la identificación absoluta de la justicia y el amor" que sólo han hecho posible, por un lado, "la compasión y la gratitud", por el otro, "el respeto a la dignidad de la desgracia en los desgraciados por sí misma y por parte de los demás" (59). Ese amor al prójimo experimentado por los justos, tal como los llama el Evangelio, tiene como sustancia *la atención*: una atención creadora, pues aquel que trata como iguales a quienes la relación de fuerzas pone por debajo suyo les otorga "la cualidad de ser humano de la cual los privaba la suerte". *En la medida en que es posible para una criatura, reproduce en ese aspecto la generosidad original del Creador* (60). El reconocimiento en el desgraciado es idéntico a "la fe real, actual en el verdadero Dios". Aquel que se ve reducido al estado de cosa inerte y pasiva, y regresa al menos por un tiempo al estado humano por la generosidad del otro, "recibe en ese instante un alma surgida exclusivamente de la caridad".

"Tratar al prójimo desgraciado con amor es como bautizarlo" (61).

La gratitud pura así como la compasión pura brotan del consentimiento ante la desgracia; el desdichado y su benefactor, entre quienes la diversidad de la fortuna y la extensión de la necesidad ponen una distancia infinita, "son uno en el consentimiento". Es el consentimiento de *la amistad* en el sentido de los pitagóricos; la amistad como "armonía milagrosa e igualdad". Juntos reconocen "con toda el alma" que es mejor no mandar cada vez que se tiene el poder para hacerlo. El bien consiste en el renunciamiento, no está ligado pues a los poderes de este mundo ni a una divinidad que manda siempre que puede hacerlo. El bien está ligado al Dios de "la ausencia aparente" y a "la presencia secreta" en el aquí; *el bien* es "el modelo del punto secreto que se halla en el centro de la persona humana y que es un principio de renunciamiento" (62). La Creación y la Pasión son el modelo de la justicia.

Así como el amor al prójimo sentido en la justicia exige un uso sobrenatural de la desgracia, el amor al orden del mundo exige un uso sobrenatural de *la belleza*. También entonces se pasa por el renunciamiento, imagen del renunciamiento creador de Dios. Cada hombre tiene "una situación imaginaria en el centro del mundo": por la ilusión de la perspectiva, está en el centro del espacio; por otra ilusión semejante, dirige el tiempo; y otra ilusión más dispone en torno a él toda la "jerarquía de los valores". Dicha ilusión abarca el sentimiento de la existencia: el ser pierde densidad a medida que está más lejos de nosotros. Dicha ilusión es indispensable para que podamos percibir los objetos y orientar nuestros pasos. Un niño aprende de nosotros a someter, a reprimir la ilusión de una capacidad total de movimiento reduciéndola con "la sensación del espacio"; debemos pues aprender a hacer lo mismo con respecto a la sensación del tiempo, del valor, del ser. Aprender que no tenemos capacidad, sino *responsabilidad* (63).

"Renunciar a nuestra situación central imaginaria, renunciando a ella no sólo con la inteligencia, sino también con la parte imaginativa del alma, es despertarse a lo real, a lo eterno, ver la verdadera luz, escuchar el verdadero silencio" (64).

Es el conocimiento que está en la base de la tolerancia, del sentido de igualdad, de la amistad, el amor al bien entre todos los seres, a partir de los seres que se eligen, como los amigos, o que se encuentran juntos, como los padres y los hijos.

Vaciarse de la propia divinidad falsa y discernir todos los puntos del mundo como centros del mismo rango, como el verdadero centro fuera del mundo, es consentir el reinado de la necesidad mecánica en la materia y de la libre elección en el centro de cada alma. "Ese consentimiento es amor", que en su "cara" dirigida a las "personas pensantes" es caridad ante el prójimo, y en su "cara" dirigida hacia "la materia" es amor a la belleza del mundo. Dicha belleza no es un atributo de la materia en sí misma, sino "una relación del mundo con nuestra sensibilidad"; expresa la cooperación de la Sabiduría divina en la creación. Dios ha creado el universo y su Hijo, nuestro hermano primogénito, creó la belleza para nosotros.

"La belleza del mundo es la sonrisa de ternura de Cristo hacia nosotros a través de la materia" (65).

Si captamos esa sonrisa a pesar del cansancio de una jornada de *trabajo físico*, luego de la cual nuestro ser sometido a la materia "lleva en su carne como una espina la realidad del universo" (pensemos en Simone como vendimiadora en Ardèche), si amamos esa belleza a través del estudio y la reconstrucción teórica del mundo en una ciencia cuya base es la contemplación, si procuramos imitar esa sonrisa en un arte que trata de trasponer en una "cantidad finita" de materia una imagen de la belleza infinita del universo, pero que no oculta ese universo sino que revela su realidad, entonces experimentaremos ese amor. Y sentiremos dentro de nosotros el vínculo entre "Dios descendiendo en nuestra alma" y "Dios presente en el universo". Ese amor es como *un sacramento*.

El sentimiento de lo bello, aunque deformado y mancillado, permanece "irreductiblemente" en el seno del hombre como "un móvil poderoso". La inclinación natural del alma a amar la belleza es "la trampa más frecuente de la que se sirve Dios para abrirla al soplo de lo alto" (66). Dicha inclinación está en la raíz de todo amor carnal, desde el más sórdido desenfreno al más sagrado matrimonio; de igual modo, inspira toda avidez por el lujo, por el dinero, por el poder. Pues en cuanto al amor carnal, "el deseo de amar la belleza del mundo en un ser humano es esencialmente el deseo de la Encarnación" (67). Y el amor al poder corresponde al deseo de establecer un orden en torno de sí mismo, dentro de un marco grande o pequeño, imprimiéndole a determinado "ámbito finito una disposición que da la impresión de la belleza universal" (68). Pero la belleza universal está allí, no hace falta ocultarla ni apresarla ni reducirla. San Francisco, cuya vida entera fue "poesía en acción" (69), se ponía en contacto con esa belleza "absolutamente vacía de finalidad" como vagabundo y mendigo. Así la comunicaba por el amor, retomando un motivo muy presente en los pensamientos de los pueblos de la Antigüedad, en China, en India, en Grecia, y en el cristianismo primitivo, sobre todo en el pensamiento de San Juan. Justamente, a través del ejemplo de San Francisco, podemos comprender qué lugar podría ocupar actualmente la belleza del mundo dentro del pensamiento cristiano. Hoy se podría creer que la raza blanca ha perdido la sensibilidad para la belleza del mundo. Sin embargo, ésta es la única "vía" mediante la cual se puede llegar a Dios. "Amemos la patria de este mundo."

"Es real; se resiste al amor. Es la que Dios nos dio para amar. Quiso que fuera difícil pero también posible amarla" (70).

La imitación de la belleza del mundo "es la ausencia de intención en nosotros", la renuncia al poder imaginario de la persona, por *la obediencia* ligada a nuestro lado impersonal de participación en lo divino, concebido en su justicia impersonal de "principio creador y ordenador del universo" (71), en su perfección de Padre celestial que distribuye tanto la lluvia como la luz del sol.

Siempre son profundizaciones de conciencia a las que somos incitados para arribar a nuestro verdadero puesto de *intermediarios* entre la otra realidad y ésta. Lo mismo ocurre en cuanto a las prácticas religiosas; lo que cuenta es nuestra verdadera comprensión de su función, y esa comprensión está ligada a nuestra relación subjetiva con la religión, que por un lado es la religión instituida en la que hemos nacido, y por otro, *la fe* en el sentido más fuerte de la palabra. El amor a la religión instituida, aunque el nombre de Dios esté allí necesariamente presente, es una forma implícita de amor a Dios, lo mismo que el amor al prójimo y el amor a la belleza del mundo. Puede asumir diferentes formas dentro del alma de un ser humano, según las circunstancias de su vida; a veces puede ser rechazado e impedido a causa de los sufrimientos infligidos por "la crueldad, el orgullo o la corrupción" de algunos ministros de esa religión, o bien por la influencia de un ambiente natal impregnado de ese rechazo. Normalmente, ese amor tiene por objeto la religión dominante del país o del ambiente en que alguien fue educado; esa religión es como la lengua materna y se vincula a un hábito que entra "en el alma con la vida" (72). Siendo toda liturgia una forma del "recitado del nombre del Señor", uno se abandona a ello con mayor confianza en su lengua natal. Razón por la cual un cambio de religión es una decisión grave y equivale para el alma a un "cambio de lengua para un escritor" (73). Más grave aún que empujar a los demás a hacer lo mismo, infinitamente más grave que ejercer en tal sentido una presión oficial en un país conquistado.

La jerarquía de las religiones es díficil de discernir, porque una religión sólo puede conocerse desde el interior.

"La religión es un alimento" (74).

Para poder apreciarlo, hay que haberlo comido. Y para comerlo, hay que concederle "toda nuestra atención, toda nuestra fe, todo nuestro amor". Solamente entonces podremos transportarnos, por la virtud milagrosa de *la simpatía*, al centro mismo de otras religiones que queremos conocer y estudiar. Dicha simpatía, que para el amor al prójimo desconocido se inserta en la capacidad de amistad, para la comparación de las religiones se inserta en la *capacidad de fe*. Sólo entonces podremos "entrever", con un discernimiento sensible a la analogía, "ciertas equivalencias ocultas" entre las diferentes formas de vida religiosa, comprendiendo que:

"cada religión es una combinación original de verdades explícitas y de verdades implícitas".

Y... "quien conoce el secreto de los corazones es el único que conoce el secreto de las diferentes formas de la fe" (75).

No obstante podemos decir que en rigor, directa o indirectamente, "la religión católica es el medio espiritual natal de todos los hombres de raza blanca" (76). Con fe en que "la virtud de las prácticas religiosas consiste en la eficacia del contacto con lo que es completamente puro para la destrucción del mal" (77), Simone conduce a los católicos a contemplar la pureza en el centro de su fe: la eucaristía. Esa "pureza absoluta presente en este mundo ante nuestros sentidos terrestres como una cosa particular" es así por ser una "convención" que Dios mismo ha ratificado. Al igual que nadie parece sorprenderse de que razonamientos hechos en base a rectas perfectas y círculos perfectos que no existen tengan aplicaciones efectivas en la técnica, aun cuando todo ello resulte incomprensible, del mismo modo podemos también aceptar como igualmente "incomprensible" y real la hipótesis absurda y "maravillosa" de la "presencia divina en la eucaristía". En su presencia humana y carnal, Cristo era algo más que la pureza perfecta, puesto que reprobó a quien la juzgaba buena y dijo: "Les será ventajoso que me vaya". En un pedazo de pan consagrado, "su presencia es más completa en tanto que es más secreta" (78).

La presencia sensible de la pureza perfecta es una necesidad para el hombre, puesto que no puede dirigir "la plenitud de su atención" más que a una cosa sensible. Todo el mundo siente el mal dentro de sí de una forma que es al mismo tiempo sufrimiento y pecado, "la raíz común de ambos... culpa y dolor a la vez". "El alma lo rechaza como quien vomita" (79) sobre las cosas circundantes, y éstas nos lo devuelven incrementado: la fealdad del mal. Un enfermo y su habitación, un condenado y su prisión, demasiado a menudo un obrero y su fábrica. El mundo entero resulta envenenado. Es una operación de transferencia. Pero si en el momento en que el alma es invadida por el mal, "la atención se dirige a una cosa completamente pura transfiriéndole una parte del mal, esa cosa no se ve alterada" y cada minuto de esa atención "destruye" realmente un poco de mal. Antes que una destrucción, se produce "una transmutación".

"El contacto con la pureza perfecta disocia la mezcla indisoluble entre el sufrimiento y el pecado. La parte del mal contenida en el alma que ha ardido con el fuego de ese contacto se vuelve solamente sufrimiento, y un sufrimiento impregnado de amor" (80).

Es la transferencia de la Redención.

La mirada es lo que salva. Por tal motivo, Simone pensaba que en ese momento de peligro nunca visto en que se encontraban las almas a través de todo el globo terrestre (en 1942), de nuevo había que "elevar la serpentina de bronce" para que cualquiera que posara la vista en ella fuera salvado. En cuanto a sí misma, con la urgencia de ver "un cristianismo verdaderamente encarnado", católico en el sentido de universal, no podía abandonar el punto que le era propio desde el nacimiento, a riesgo de traicionar "el aspecto de la verdad" que había percibido, "en la intersección del cristianismo y de todo aquello que éste no es". Solamente su "corazón" había sido "transportado para siempre, según espero, al santo sacramento expuesto en el altar" (81).

La amistad: la mirada que crea al ser elegido

En todas esas expresiones de la vida consciente, las formas del "amor envuelto" de Dios, se trata de una "determinada mirada" que es *un puente* entre el consentimiento interior de nuestro propio papel de intermediarios y la realidad sobrenatural. Lo que predomina es el aspecto impersonal de nuestro ser. Pero hay un amor personal y humano que, cuando es puro, encierra "un presentimiento y un reflejo del amor divino". Es *la amistad*. Mientras que la caridad es "indiscriminada" e igualmente disponible para todos los humanos que la desgracia pone ante nuestra atención, la amistad surge de una "preferencia personal" (82).

Simone a menudo denomina amistad al amor entre el hombre y la mujer; su visión del amor se remonta al mismo origen que su aspiración a la verdad. En 1934, le escribía a una alumna que el problema central inherente al amor como "necesidad vital" de otro ser era el conflicto entre la fidelidad al amor y la necesidad de libertad. Para ella, el conflicto se había desplegado en la intimidad de su ser: entre ella misma y su proyecto, entre ella misma y su desgarrador deseo de amistad.

En efecto, la preferencia personal con respecto a un ser humano determinado es dictada por dos motivaciones: "O se busca en el otro un determinado bien, o se tiene necesidad del otro" (83). Cuando un ser humano es en algún punto necesario, ya no puede haber amistad con él. "Allí donde hay necesidad, hay coerción y dominación." Dado que el bien central de todo hombre es la libre disposición de sí mismo, o bien se renuncia a ella y se comete el crimen de la idolatría, o bien se desea que el ser que necesitamos sea privado de ella. Entre los seres humanos pueden establecerse lazos de afecto por toda clase de mecanismos, que son las ataduras férreas de la necesidad: el amor maternal es a menudo de esta naturaleza, el amor paterno del *Papá Goriot*; el amor carnal en la forma que asume para Arnolphe en *La escuela de las mujeres* o en *Fedra*; el amor conyugal por obra del hábito; más raramente, el amor filial o fraternal. Pocas cosas pueden alcanzar el grado de horror y de fealdad que posee un vínculo entre seres humanos constituido solamente por la necesidad. El alma humana tiene todo un arsenal de mentiras para protegerse contra esa fealdad e inventar toda clase de falsos bienes. Y se produce la desgracia toda vez que la necesidad se hace sentir tan duramente que la dureza sobrepasa la capacidad de mentir de aquel que sufre el golpe. Los seres más puros son los más expuestos a la desgracia, pero también son los que tienen la capacidad de impedir esa reacción automática de protección a través de la mentira. Cuando en un lazo de afecto existe necesidad, es imposible que un ser humano desee "la conservación de la autonomía a la vez en él mismo y en el otro". Naturalmente imposible, aunque posible por la intervención milagrosa de lo sobrenatural. "Ese milagro es la amistad" (84). *Igualdad hecha de armonía* según los pitagóricos, en la amistad hay armonía entre *la necesidad y la libertad*, los dos contrarios presentes en el hombre; hay igualdad porque se desea *la conservación de la facultad de libre consentimiento en uno mismo y en el otro*. En la amistad, hace falta una determinada reciprocidad de "benevolencia" y, al mismo tiempo, la ausencia completa del deseo de complacer o del deseo inverso. Los dos amigos aceptan por completo ser dos y no uno. Razón por la cual la amistad, por pura, al mismo tiempo que el afecto, trae aparejada algo así como una completa indiferencia. Tiene "algo de impersonal".

"La amistad tiene algo de universal. Consiste en amar a un ser humano como quisiéramos poder amar en particular a cada uno de los que componen la especie humana" (85).

"Amaos los unos a los otros", decía Cristo a sus discípulos, ordenándoles que transformaran los lazos de su vida en común en amistad pura. Era un mandamiento nuevo que Cristo, poco antes de su muerte, agregó a los mandatos del amor a Dios y del amor al prójimo; por lo tanto, podemos pensar que la amistad pura también contiene una suerte de sacramento.

Todos esos amores son sobrenaturales, en cierto sentido absurdos, y locos. No pueden basarse en ninguna certeza en tanto que el alma no ha tenido contacto directo con Dios. Por lo tanto es preferible, por la probidad intelectual y por la pureza del amor, que no vayan acompañados de ninguna creencia.

Resulta distinto después de que Dios ha venido en persona no sólo a visitar el alma, "como lo hace en principio durante mucho tiempo" (86), sino a apoderarse de ella.

Tales amores indirectos son solamente "actitudes amantes" hacia los seres y las cosas de este mundo por parte del *alma orientada hacia el bien*. En el período preparatorio, el alma ama en el vacío, solamente sabe que tiene hambre. "La realidad de su hambre no es una creencia, sino una certeza" (87). Poco a poco, adquiere el conocimiento de que no hay un bien en este mundo que pueda saciar su hambre.

"Ese conocimiento es más mortífero que una espada; inflige una muerte que causa más miedo que la muerte carnal. Con el tiempo, mata en nosotros todo lo que llamamos *yo*. Para sostenerlo, hay que amar la verdad más que la vida" (88).

Quienes son así no pueden en principio más que permanecer inmóviles en las "tinieblas absolutas", sin apartar la mirada, sin dejar de escuchar, inconmovibles ante los golpes, gritando su deseo cuando el deseo es demasiado intenso. Si Dios deja presentir su luz, o incluso se revela en persona, no es más que por un instante. Hay que seguir esperando, sin cesar. La única traición, aun frente a dicha revelación, "es poner en duda que Dios sea lo único que merece ser amado". Eso es apartar la mirada.

"El amor es la mirada del alma" (89).

Entonces se llega a ver, oír y tocar, con el alma misma, la realidad de esos amores indirectos en Dios. Un alma recibe una impresión de *belleza* no sensible, el silencio se vuelve algo infinitamente más real que los sonidos. Dios es además el *verdadero prójimo*: es quien se inclina hacia nosotros, "desgraciados, reducidos a no ser más que un poco de carne inerte y sangrante", pero es también el desgraciado cuerpo inanimado, anónimo y desconocido. "El cuerpo inanimado es el universo creado."

"El amor que le debemos a Dios... es el modelo divino tanto de la gratitud como de la compasión" (90).

Dios es también *el amigo por excelencia*, porque quiso introducir en sus criaturas un absoluto, "la libertad absoluta de consentir o no a la orientación que Él nos imprime hacia Él", una libertad que también consiste en nuestra facultad de ilusión, mediante la cual, a través de nuestros errores y nuestras mentiras, dominamos falsamente con la imaginación al universo, a los hombres y al mismo Dios, "a tal punto que no sabemos darle un uso justo a ese nombre". Así, "el contacto con Dios es el verdadero sacramento", la significación de todos los demás. Pues el prójimo, los amigos, las ceremonias religiosas, la belleza del mundo no caen en el rango de cosas irreales luego del encuentro entre "el alma y Dios". Únicamente entonces es cuando tales cosas se vuelven reales.

"Antes, no había realidad alguna" (91).

VII. La muerte en la cúspide de la vida

La certeza profunda de Simone Weil era ésta: "El instante de la muerte es la norma y la meta de la vida".

Ese momento de "la verdad pura, desnuda, cierta, eterna" (1) tiene una analogía con "el polo" (2) y hay que fundar allí los actos y los acontecimientos de la propia existencia, que es única. El sello de nuestra vocación saldrá a la luz con todo su sentido de ese esclarecimiento. Por cierto, el sentido de la obra de Simone Weil no comenzó a notarse sino después de su muerte, y no sólo por razones prácticas evidentes, como la publicación casi totalmente póstuma de sus escritos, sino también y sobre todo a causa del tono de su palabra. Esa palabra se hace más comprensible íntimamente a medida que uno se aleja de los equívocos, las imágenes y las deformaciones fatalmente ligados a Simone, mujer-genio en lucha con los esquemas sociales, emocionales y espirituales de sus años en la tierra.

Se tiene tendencia a evitar a Simone Weil, porque no se cuida de nada ni nos ahorra nada; entre sus mensajes, los más duros pero también los más fundamentales para nuestra salvación, está su noción de la muerte.

Ella siempre quiso vivir cerca de la fuente entre la vida y la muerte, en la cresta vertiginosa que las separa, en el umbral entre ambas. En tal sentido, la muerte es *su dimensión propia*. Entre lo finito y lo infinito, entre no-ser y ser, entre el límite y lo ilimitado, entre una y otra realidad, vivir contra el fondo de *la muerte*, que es *el catalizador* del ser, de lo infinito, del bien.

Dentro de su obra, nos vemos constantemente arrastrados a pasar a través de dimensiones que se encuentran en los pliegues de cada palabra; las palabras son otras tantas sondas que ella lanza hacia el fondo de las cosas, siempre implicándose en el universo, en un vaivén de lo exterior a lo interior.

En la intensidad "insostenible" (3) de su manera de existir, en Marsella, citaba a menudo, como fascinada, a Maurice Scève, la estancia CCCLXVII de la *Delia*: "Mucho más largo que un siglo platónico,/ Me pareció el mes en que estuve sin ti:/ Pero cuando vi de nuevo tu frente tranquila,/ Alta morada de toda honestidad,/ Donde se posa el reino del consejo/ Entonces creí divinos mis sueños./ Pues a mi cuerpo: Alma mía, volviste,/ Sintiendo sus manos, manos celestialmente blancas,/ Con sus brazos mortalmente divinos/ Uno coronando mi cuello, el otro mis caderas" (4).* Esta estancia expresa de manera muy vívida la fluidez de los pasajes entre las dimensiones por el amor, donde el alma debe penetrar el cuerpo y el cuerpo transformarse en alma. Según el poeta Jean Tortel, estos versos expresaban justamente la búsqueda quizá más esencial de Simone: "La búsqueda de la unión entre el alma y la carne".

Y ése era justamente el ideal de su vida. Para alcanzarlo, había que lograr arraigarse en el *consentimiento al bien*, la nota secreta de orientación vibrante en el punto central del alma, frecuentemente ignorada por las demás partes del ser, pero irreductiblemente presente y para siempre. El consentimiento al bien inspira *el consentimiento ante la desgracia* y *el consentimiento ante la muerte*. Dichos consentimientos son la condición para la transmutación en nosotros de todo aquello que es personal, mío, ligado a la necesidad, a la materia muerta, "cuerpo inanimado", máquina.

Es necesario remontarse a su biografía para tener una red de referencias. Pero si nos limitamos a sus hechos y gestos, por más reales e intensos que sean, permanecerán mudos y como insensatos con respecto a otras dimensiones de vida y de trabajo. Hay que comunicarse con tales hechos en otro nivel: el nivel del ser profundo, donde la inteligencia, el corazón y el alma se plantean las cuestiones esenciales. Entonces, a través de la escritura, esos hechos revivirán y se volverán tentativas simbólicas, los mensajes de un intermediario. Pero para tal clase de relación con Simone Weil hay que despojarse de todo marco, clasificación, distinción, preparación externa y, al mismo tiempo, tras-

---

* La cita original conserva la antigua ortografía del francés, ya que el autor mencionado pertenece al siglo XVI. (N. del T.)

ladarse a todo lo que ella dice con toda nuestra *simpatía* independiente. Aceptando ser dos y no uno con ella, pero escuchando de manera clara y alerta lo que nos dice sobre su lectura, cuyo foco es la muerte.

Georges Bataille la llamaba con desdén "la cristiana". En *El azul del cielo*, la deforma con la doble faz de la ambivalencia, llamándola siempre mediante un apellido simbólico: Lázaro. "Judía delgada... de carne amarillenta... sus cabellos cortos, lacios y despeinados le formaban unas alas de cuervo a cada lado del rostro" (5). Todo en ella contribuía "a dar la impresión de que hubiera acordado un contrato con la muerte. Yo sentía que una existencia así no podía tener sentido más que para los hombres y para un mundo consagrado a la desdicha" (6). Y sin embargo, "Lázaro pretendía tenerle horror a lo que concernía a la muerte" (7). Justamente, la disputa más fuerte entre Simone y Bataille se desarrolló en torno a la noción de revolución. Ella, que "incomodaba" con su habla lenta en la cual se percibía "la serenidad de un espíritu ajeno a todo" (8), pone en guardia a Bataille, para quien la revolución era "el triunfo de lo irracional", una "catástrofe", "la liberación de los instintos" y en particular de los que se consideran patológicos, contra el grave peligro de la revolución como huida, como sublimación o compensación. Para ella, desde sus primeras expresiones políticas, la revolución había sido "el triunfo de lo racional", "una acción metódica en la cual había que esforzarse por limitar los daños" y "una moralidad superior" (9). La revolución como "medio de perder la conciencia de la nada de la propia existencia" es una forma de "diversión" que deriva del odio a uno mismo y conduce a la autodestrucción. "Si se trata de escapar de uno mismo, es más sencillo jugar o beber. Y aún más sencillo es morir."

"Toda diversión, incluyendo una acción revolucionaria de este orden, es una forma disimulada de suicidio."

Por el contrario, la revolución exige el amor a la vida. No tiene sentido sino como *medio* de lucha contra todo aquello que "obstaculiza" la vida.

"De manera general, nada tiene valor cuando la vida humana no lo tiene" (10).

Degradación, sacrificio del hombre con la ilusión de poder vencer, dominar al otro, dominar el espacio y el tiempo, entrar en la historia: es *la idolatría de la falsa grandeza* mediante la cual *uno se distrae* de la atención al ser, y se vive, pero sobre todo se muere y se hace morir en el parecer.

"La criatura no es nada y cree ser todo. Debe no creerse nada para ser todo. Equilibrio del parecer y del ser; cuando uno sube, el otro baja. Parecer nada, imitación de Dios, acción no activa; efecto del amor" (11).

En el capítulo XIII del Libro I de *La subida del monte Carmelo*, San Juan de la Cruz dice: "Para llegar a ser todo, no quieras ser nada en absoluto" (12).

Entonces hay que atravesar la muerte, que se convierte en el catalizador de la conciencia de vida universal. La conciencia de la muerte es la contrapartida de la eclosión de la conciencia de vida que debe sostener toda *lectura* (hechos y palabras, actos y pensamientos). "Hace falta", "debe", resulta en gran medida inexacto, pero es así como aparece en el camino. En los *Upanishad*: "Por el no-conocimiento se pasa más allá de la muerte" (13). Si la necesidad hiere, por esa herida uno siente que es mortal. La herida es "un equivalente de la muerte". Aprendemos. "Cuando se ha sentido el frío de la muerte –a menos que nos apresuremos a olvidarlo o que seamos congelados por ello– se pasa más allá, y el universo mismo se torna una pócima de inmortalidad." Se trata de llegar a vivir *el devenir*. "Resurrección."

De la ilusión al sufrimiento mortal
del sufrimiento mortal a la conciencia de la ilusión
de la disolución al devenir...
Al sufrir la muerte conscientemente se disipa
la ilusión, y recobramos entonces la realidad
Regreso al interior transfigurado.
El mundo es su alimento inmortal (14).

La ilusión consiste en que las cosas nos hacen creer "que son más reales de lo que son", especialmente que existen "unas más o menos que las otras". En cambio, todas las cosas son igualmente reales (recordemos su deseo de que todo el universo se convirtiera para ella en "un segundo cuerpo").

En el mismo capítulo citado, San Juan de la Cruz indica, entre los medios para no impedir el todo, no detenerse en algo, pues "cuando te detienes en algo, no te lanzas al todo" (15).

Es el respeto y el amor a la vida.

La pérdida del contacto con la realidad es el mal, es la tristeza (16).

Acabamos de hablar de *la herida*, que es la situación de desgracia en la cual hay que consentir. La situación de pérdida y de dolor puede ser causada también por la muerte de un ser querido.

El remedio está en tomar la misma necesidad como un intermediario para alcanzar la realidad (17).

El deseo que se siente por el ausente no es imaginario. Es un hambre; de nuevo hay que sumirse dentro de uno mismo y "apoderarse de la propia hambre". La desgracia es un puente, la muerte es un puente, si las usamos como puentes.

La única violencia es *la violencia del tiempo*. Ya sea que me condenen a muerte o que esté condenado por una enfermedad, la ejecución no tendrá lugar si mientras tanto el tiempo se detiene. Pero... "por más espantoso que fuera lo que ocurre, ¿podemos desear que el tiempo se detenga, que las estrellas se detengan?".

"La violencia del tiempo desgarra el alma; por el desgarramiento entra la eternidad" (18).

Hay que alcanzar *la obediencia* de "las cosas inertes"; imitar su abandono, su "espera paciente de la luz", *al amanecer* (19).

La aceptación del tiempo implica la aceptación de la muerte para uno mismo y para los demás. Es una "gracia esencial": la existencia de otros seres pensantes distintos de uno mismo. Hay que ser feliz por ello, de otro modo rechazamos esa gracia, pero al mismo tiempo hay que "ser feliz también por ser mortal, y porque ellos sean mortales". No desear la muerte ni para uno mismo ni para ellos. "El suicidio no está permitido sino cuando es solamente aparente, cuando hay coerción"; igual que el uso de la fuerza. Siempre que haya coerción y conciencia de dicha coerción, pues uno sube y se coloca por encima de la ilusión de la elección, hasta alcanzar la necesidad que impone la acción a través de "la situación claramente percibida".

"La única opción es subir" (20).

Por eso es en gran medida incorrecto decir "hace falta", porque las realidades del crecimiento del alma *son*. El arte puede ofrecerle un espejo a esa desnudez del ser frente a la muerte en *la tragedia*, pues la tragedia "captura" *lo ilimitado* de la desgracia, de la crueldad. "Es preciso que siga siendo ilimitado y sin embargo que deje de serlo." El hombre-juguete se pierde a sí mismo, pierde a Dios, el universo, todo, profundamente herido por las relaciones de fuerza. Así ocurre en Lear, Otelo, Fedra...

Para liberarse del mecanismo interior y exterior, "por una transformación metódica de uno mismo", se debe llegar a sentir que el universo como "un segundo cuerpo" de amor (tal como Agnès para Arnolphe o como el tesoro para Harpagón) y la realidad coinciden. Con tal fin,

"Orientarse no hacia otro modo de vida, sino hacia la muerte" (21).

Siempre se trata de una cuestión de orientación; el pecado es "una mala orientación de la mirada" (22).

La muerte como suprema conciencia

Fundar la propia vida en base a esa orientación hacia la muerte significa consentir en la muerte. Lo cual coincide con el consentimiento al bien: uno orienta entonces hacia el bien su atención impregnada de amor. Es "el bien no representable"; hay esfuerzos "que se producen en nosotros como para un parto", y la liberación de energía ligada a tales esfuerzos se profundiza y comienza a "mermar la energía vegetativa". El ser cruza una puerta e ingresa en el camino de "la perfección" que lo vuelve capaz de un "dolor redentor" (23).

En ese camino que en adelante es inevitable, tomamos conciencia de dos hechos: que uno es "nada en tanto que ser humano y más generalmente en tanto que criatura" (24), y eso es la humildad. Y que tenemos la vocación "de ser mediadores" (25), y eso es la imitación de Cristo. En la humildad, que es lo contrario de la mala humillación (la cual lleva a creer que uno no es "nada en sí mismo"), la inteligencia tiene una gran participación. "Hay que concebir lo universal" (26). En la imitación de Cristo, el alma que se ha hecho esposa de Dios y ha perdido en la unión el contacto con el mundo, al percibir "del otro lado del telón" su nada con amor, vuelve a bajar al mundo y siente las "sensaciones, colores, contactos, sonidos, olores, sabores". Ser *sensible* constituye la realidad propia del mundo; un alma finita, de absoluta pureza, es decir, capaz de un *sufrimiento* extremo, se vuelve redentora. Redime esa realidad "cuya trama misma constituyen nuestras sensaciones". La redención se prolonga así "en la persona de todos aquellos que, antes o después de su nacimiento, han imitado a Cristo" (27).

Otra palabra con la cual Simone indica *la sensibilidad*, que es el lazo entre las cosas y nosotros, es la palabra *vulnerabilidad*.

"La vulnerabilidad de las cosas apreciadas es bella, porque la vulnerabilidad es una señal de existencia" (28).

Dicha vulnerabilidad está en nosotros cuando somos privados de alimento o de calor físico; es *la privación* "sufrida por el alma celeste atada a un cuerpo mortal". Está también en *la reconfortación* que proporciona calor físico o alimento. Por ello se hace posible la buena acción (alimentar a Cristo hambriento), ya que constituye "una prueba aún más íntima e irrefutable de dependencia" (29). Estamos entrelazados en la trama del mundo.

La vulnerabilidad está en Venecia amenazada por el sueño de poder de los conjurados; yace impotente ante la mirada de Jaffier. Es la expresión de la patria, que es algo relativo, un medio nutricio para un grupo humano, y no un absoluto que se deba idolatrar. Una patria vive en el tiempo la vida cotidiana como una criatura. Por tal motivo, el único amor que necesita, una necesidad que debemos respetar, es *la compasión*, la única clase de apego que Cristo manifestó por su país. Lloró sobre Jerusalén previendo su destrucción. "Le habló como a una persona. 'Jerusalén, Jerusalén, cuántas veces quise…' Incluso cargando su cruz, le siguió manifestando su piedad" (30).

"La compasión por la fragilidad siempre está ligada al amor por la verdadera belleza, porque sentimos intensamente que las cosas verdaderamente bellas deberían estar aseguradas con una existencia eterna y no lo están" (31).

Se acepta pues la muerte, pero sin una revuelta irreal y sin dureza.

Se acepta la muerte también como separación donde *la ausencia completamente real* (32) del amigo nos hace volver a sumirnos en nosotros mismos, con la conciencia de nuestra hambre. Al experimentar esa necesidad, podemos alcanzar la comprensión de los sacramentos en sí mismos.

"Los sacramentos (y las cosas de ese orden) son como los recuerdos – los objetos que constituyen recuerdos– de seres amados y muertos" (33).

Como una carta, o un anillo, o un libro que ha pertenecido a un amigo amado y muerto nos brindan "contactos reales, únicos, irreemplazables" con él, del mismo modo, los sacramentos nos ofrecen un contacto de *lectura* dentro de una religión. Simone cita a Platón, que consideraba "*lo bello* como un 'recuerdo' del otro mundo" (34).

La lectura efectuada del lado de la muerte, "si transportamos nuestro corazón fuera de nosotros mismos, fuera del universo, fuera del espacio y del tiempo", para examinar *el mecanismo de la necesidad*, nos lo hará ver de modo totalmente distinto. La necesidad se volverá completa obediencia a la voluntad de Dios. Habrá entonces otra razón más para amar la materia.

"Por su completa obediencia, la materia merece ser amada por quienes aman a su Señor, como un amante mira con ternura la aguja que ha sido manipulada por una mujer amada y muerta" (35).

La realidad en lo cotidiano y la realidad *sub specie aeternitatis*: ambas dimensiones están entrelazadas conjuntamente en nuestro corazón de criaturas encarnadas, de intermediarios. Son las que deben guiar a nuestra sensibilidad, que abarca la inteligencia, distinguiendo entre el bien y el mal.

"Bien y mal. Realidad. Bien es lo que le da más realidad a los seres y a las cosas, mal es lo que se las quita" (36).

Por tal razón, los romanos han *hecho mal* al despojar a las ciudades griegas de sus estatuas; le quitaron un poco de realidad a la vida de los griegos, que suplicaron humildemente para conservar algunas estatuas. La súplica es una "tentativa desesperada para hacer pasar al espíritu del otro la propia noción de valor... casi necesariamente ineficaz" (37). Uno de los deberes hacia el ser humano (incluyéndose uno mismo) es "comprender y medir el sistema de valores ajeno junto con el propio, *en la misma balanza*" (38). Hay que llegar a interrogarse sobre el ser y el tener. "El hombre no tiene ser." Su "ser" está detrás del telón, "del lado de lo sobrenatural". *El telón* es la miseria humana. Lo que uno puede conocer de sí mismo es "dispuesto por las circunstancias". En cuanto al "tener", "nada es mío, ni siquiera mi miseria, que le pertenece a la carne" (39). Sin embargo, cuando se toma conciencia de esto, sabemos con toda el alma que no somos nada y alcanzamos "la alegría trascendente" de no ser nada: es la revelación de la realidad a la cual se adhiere por "la plenitud de la alegría", donde no hay "ningún *yo*". El *yo* está en el sufrimiento, cuando las dos percepciones de mí mismo sufriendo y de mí como nada se hacen igualmente presentes. Usamos el *yo* a fuerza de sufrir, y lo abolimos cuando el sufrimiento llega hasta la muerte; también se lo usa en la alegría acompañada de una "atención intensa" al objeto; "el sol, la luna por encima del mar, una hermosa ciudad, un ser humano admirable".

"Hay que amar mucho la vida, para amar aún más la muerte" (40).

Esa usura del *yo*, que se ejecuta en la muerte, nos hace entender que "la muerte es lo más precioso que le ha sido dado al hombre". Morir mal, "la impiedad suprema" (41). En una carta, Simone escribió: "Incluso cuando era niña, y creía ser atea y materialista, siempre sentí dentro de mí el temor de fracasar, no en mi vida, sino en mi muerte" (42). Ella analiza *el miedo* que, como el deseo, contiene lo ilimitado. "El deseo encierra una ilusión de omnipotencia, el miedo, una impotencia radical" (43). Por eso el miedo a la muerte es la angustia total, que "transforma en materia". ¿Cómo poner a un ser humano frente a la muerte "sin causarle miedo"?

Simone piensa en esto sobre todo con respecto a la muerte penal, cuando se castiga con la pena de muerte. ¿Cómo aliviar los sufrimientos de la agonía? Recordemos su proyecto de una formación especial de enfermeras para la primera línea de combate.

Su preocupación por el "castigo justo", que está en relación con "el honor interior" de la criatura, es objeto de su atención en varios pasajes de su obra. Frecuentaba los tribunales y creía que "debido a la ausencia de Cristo, la mendicidad en su sentido más amplio y el hecho penal tal vez sean las cosas más horribles que existen sobre la tierra, dos cosas casi infernales". Y añadía la prostitución "que es al verdadero matrimonio lo que la limosna y el castigo sin caridad son a la limosna y al castigo justos" (44). En la base de tal clase de castigo debe estar "la atención hacia el desdichado como un ser y no como una cosa"; dicha atención debe ser nutrida por el sentimiento de igualdad, "la virtud cristiana por excelencia" que se expresa también en el *Libro egipcio de los muertos*, donde se leen afirmaciones como éstas: "Nunca le he causado miedo a nadie. Nunca hice oídos sordos a palabras justas y verdaderas" (45). Para la sanción de los criminales, ella piensa en soluciones ligadas al "consentimiento" del hombre castigado. En los *Cuadernos de América*, habla de "recuperarlos por una vía laboriosa, dura, pero sana y alegre, en zonas poco pobladas, al aire libre, con un trabajo como el de construir rutas, etc., y una vez recuperados, si sienten la necesidad, hacerlos sufrir" (46). En los *Cuadernos*, I, piensa que en la sociedad civil la muerte penal debería ser "algo bello..." donde se haga sentir que "el hombre castigado, al recibir la muerte... contribuye al orden de la ciudad, en la medida en que está de acuerdo con la situación en que se ha metido". A continuación, se pregunta: "¿Que permanezca en la celda hasta que él mismo acepte morir?" (47). En cuanto a ella, "nada le daba más horror que la violación". Le había dicho a su madre "que tal vez hubiera matado para impedir una violación o defenderse de ella" (48).

¿Y *el coraje*? En los *Cuadernos*, I, hay una meditación sobre el coraje que viene a continuación de la pregunta: "¿Cómo se encarna el bien?"; piensa que no hace falta *intentar suprimir el temor sino dirigirlo* y conducir al cuerpo para que tenga más miedo a "la deshonra (en el sentido más íntimo) que a la muerte, la mutilación, el dolor..." (49). El coraje no es por cierto la brutalidad, que es indiferencia ante la muerte propia y ante la muerte de los demás, embriaguez, ilusión, falsedad absoluta, heroísmo malo. Cuando en 1938 ella había leído las *Homilías* maniqueas, había encontrado allí la marca del verdadero coraje, que en presencia de la muerte nunca es "una actitud de desafío o de desprecio por la muerte", sino más bien una firmeza teñida de tristeza (Mani se queja a Dios en su prisión). "El verdadero coraje no impide el amor a la vida y no implica que uno se ciegue a sí mismo"(50).

Amor a la realidad entonces, ya que "lo real para el pensamiento humano es lo mismo que el bien, es el sentido misterioso de la proposición: Dios existe" (51). Pero se trata de amar con desapego, porque "el apego no es más que la insuficiencia en el sentimiento de la realidad" (52). Es creer que si dejamos de poseer una cosa, ésta no existirá más, lo que equivale a querer la destrucción de cosas que nos procuran sufrimiento y desdicha. E igualmente, con respecto a su visión de sí misma, Simone "desea" y "suplica" que su imperfección se manifieste por completo ante ella, no para curarse, sino para estar "en la verdad".

"Tal conocimiento es más mortal que una espada... Con el tiempo, mata en nosotros todo aquello que denominamos *yo*. Para sostenerlo, hay que amar la verdad más que la vida" (53).

La muerte es *la puerta*, al cabo de este mundo, que es "una barrera y al mismo tiempo... el pasaje".

>Hay que languidecer, esperar y observar vanamente.
>Miramos la puerta; está cerrada, inamovible...
>La vemos siempre; el peso del tiempo nos agobia...
>Nunca entraremos. Estamos cansados de verla...
>La puerta al abrirse deja pasar tanto silencio
>Que no han aparecido los jardines ni flor alguna;
>Sólo el espacio inmenso donde están el vacío y la luz
>Se hizo de pronto presente de punta a punta, colmó el corazón
>Y lavó los ojos casi ciegos por el polvo (54).

VIII. Ser en todos los aspectos del ser

El equilibrio. Basta con introducirse en la primera parte de los *Cuadernos,* que Simone declara "sin importancia", para ver de qué equilibrio se trata. Uniendo todos los aspectos de la sociedad en que ella se ha concentrado sucesivamente a lo largo de sus años más "políticos", sitúa el núcleo de la cuestión en su experiencia obrera. Del crisol de sus actos y sus pensamientos, de sus lecturas, artículos y escritos, extrae lo siguiente: "El punto de apoyo" de una civilización completamente nueva es *[la] noción misma de equilibrio* (1).

Dicho equilibrio, que hay que discernir y favorecer en la relación cuerpo-espíritu, máquina-cálculo, práctica-teoría, tal como puede ser vivido en una nueva organización del trabajo industrial, es la primera escala de un equilibrio universal formado de capas superpuestas de equilibrios concéntricos. Todos esos equilibrios se fundan, en todos los planos, mediante intercambios continuos entre el interior y el exterior, entre el alma del ser humano y la realidad que lo circunda ("envolturas" psíquicas y carnales, los otros, la colectividad, la tierra, el cielo estrellado).

Desde un principio, los dos términos de la relación son la *necesidad* y la *libertad*. La libertad es la posibilidad de *pensar* el obstáculo inevitable, la necesidad, y vencerlo por un pensamiento de la acción que precede a la misma acción. Por tal motivo, en 1934, Simone considera "la sociedad menos mala" aquella en la cual "el común de los hombres se encuentra más a menudo en la obligación de pensar cuando actúa" (2); por tal motivo, en ese primer cuaderno comenzado en 1933-1934 y continuado aproximadamente hasta los inicios de la guerra, Simone piensa ante todo en promover la fuerza y el pensamiento a través de la *calificación del trabajo*.

"Ponerse en busca no de la técnica que ofrezca el mayor rendimiento, sino de la técnica que proporcione la mayor libertad: lo *íntegramente nuevo...*" (3)

Obrar de manera que el hombre sea lo menos pasivo posible; multiplicar las relaciones entre la causa y el efecto, poner al obrero en condiciones de percibir constantemente su método y de tener conciencia del móvil que está en el origen de su trabajo. Antes, durante, después: la fuente, el proceso, la meta. Ella tiene en vista dos tareas:

"Individualizar la máquina
Individualizar la ciencia (vulgarización)" (4).

Por el contrario, actualmente el método está en la cosa, *la máquina*, y está en los signos, *el álgebra*. Esas mismas "aplicaciones automáticas" conducen a lo nuevo. "Se *inventa sin pensar...* desde el momento en que el pensamiento –o más bien lo que ocupa su lugar– se vuelve un útil" (5). La *especialización* es el ámbito en el que se aplican *resultados* y *métodos* que se han heredado sin comprenderlos. "El individuo es aplastado" cuando en realidad "no hay un pensamiento colectivo" (6).

En medio de cosas que piensan por sí mismas, el individuo es reducido al estado de "cosa", al estado de engranaje que debe tirarse una vez separado de su contexto mecánico. Lo importante para la libertad es que el trabajo sea *metódicamente realizado* por un individuo que quiera acatar una disciplina interior, porque

"Habrá tanta *menos* disciplina exterior cuanto *más* disciplina interior haya" (7).

La vida moderna rompe en todas partes el equilibrio del espíritu y el cuerpo, que debe volverse a descubrir, pues por ese camino es posible recuperar "el pacto original entre el espíritu y el mundo". Hay que hacerlo "a través de la misma civilización en que vivimos". "La evasión hacia la vida salvaje es una solución perezosa" (8). Tal es el realismo de la visión weiliana de nuestro mundo, y también el realismo del ideal weiliano. Ella se aboca al *secreto de la condición humana*, que es el siguiente:

No hay equilibrio entre el hombre y las fuerzas de la naturaleza circundantes "que lo superan infinitamente" en la inacción, sino únicamente en la acción por la cual el hombre recrea su propia vida: el trabajo (9).

El trabajo es "el pacto original... del alma con su cuerpo" (10), es la encarnación, cuya conciencia se precisa y se expande para Simone en la misma medida que sus actos, pensamientos, escritos.

La vida moderna está *entregada a la desmesura* (11) que lo invade todo: la vida pública y privada, el deporte (el triunfalismo, el riesgo exacerbado), el amor (la voluptuosidad hasta la embriaguez, el juego); "todo equilibrio está viciado", por ejemplo entre el trabajo y sus frutos, por el dinero. La especulación "indirectamente ha corrompido incluso al campesinado" (12). El valor que se quiere alcanzar a toda costa es *la eficacia*; es el criterio de la época, la coartada del espíritu aplastado por otro valor tiránico: *la cantidad*, "la trampa de las trampas" (13). Para reemplazar la eficacia con *la libertad*, hay que instruirse en la disciplina interior, teniendo siempre presente (lo que ya es la mirada de *la atención*) *la temperancia*, una cualidad particularmente difícil de vivir dentro de una "atmósfera moral" dominada por la intemperancia. En muchos ámbitos, no se llega a ella más que por la privación. "Privación y temperancia se oponen"; por lo cual, se debe adoptar la privación como "un remedio provisorio" y cuidarse mucho de caer en el equívoco cristiano que "desafortunadamente" sustituyó con eso la temperancia pagana ("quien hace el ángel hace la bestia") (14). Advertimos allí uno de los motivos del despojamiento voluntario de Simone, de donde surge el deseo de sustentarse únicamente con el subsidio de desempleo ("el hambre se torna un sentimiento permanente") (15). Sus desequilibrios, evidentes y reales en el plano de la contingencia cotidiana, se originan pues en su ideal de *curar al ser humano*, de hacerle recobrar su dimensión fisiológica dentro del universo. La privación, en el sentido en que ella la toma, es uno de los medios para dicha cura porque es *un puente* para el contacto con la realidad.

El trabajo comienza en nosotros mismos, ya que la intemperancia inunda de fantasías y construcciones *la vida interior*, que es muy fácil de corromper y de corromperse ("venderías tu alma por amistad...") (16). Respetar la realidad quiere decir "no permitir[se], en materia de sentimiento, sino lo que corresponde a los intercambios efectivos, o bien [lo que] es absorbido por el pensamiento a título de inspiración" (17). No mentirse quiere decir no utilizar *el placer* (de los sentidos, del pensamiento, que también puede usarse voluptuosamente) como compensación para llenar un vacío. Inocente en sí mismo, mediante esa utilización el placer puede volvernos ajenos a nosotros mismos y destruir a los demás por un exceso de avidez. Ella pone en relación el *goce* y el *poder*. Tal es el mecanismo de la opresión y de la necesidad padecida que en lo imaginario se tiene la ilusión de controlar. "Soñamos en lugar de vivir" (18), desequilibrio supremo.

"Goce y poder... Entre los goces que aturden, ¿hay alguno que no vaya unido al poder? Seguramente no el amor...

"¿Y el lujo?... *En sí mismo*, el lujo no tiene nada de embriagador. Pero hay que detallar el lujo. En las ropas: placer de poder. En la alimentación, en parte también. En la vivienda, con total evidencia. Lujo y orgullo femenino...

"¿Las embriagueces de la bebida, el opio, la morfina y el vicio solitario...? También, sin duda; sólo que es un poder ficticio" (19).

La purificación del ser que trabaja para librarse de todas las fantasías y los deseos de lo imaginario debe contribuir a la purificación de las condiciones de existencia, porque la *meta* son: "las condiciones de existencia EN LAS CUALES UNO SE PERCIBA LO MÁS POSIBLE" (20). Lo cual conduce a *la lectura*, como hemos visto.

Una civilización totalmente nueva deberá adaptarse a un "mundo descentralizado" (21), donde por ejemplo en el trabajo industrial "las funciones estén jerarquizadas no según la relación orden-ejecución, sino en función de la cualificación" (22). Cualificación que coincide con la individualización. Ya en esa época, Simone proyecta empresas cooperativas donde, por medio del uso de "máquinas *mucho* más flexibles que todas las conocidas hasta ahora", se podrá "abrir el camino hacia *otra* ciencia" (23). En 1943, en Londres, en su "proyecto para una nueva sociedad", propondrá como objetivo para la construcción de máquinas *el bienestar moral del obrero* (24). La disciplina actual de las fábricas, externa y únicamente basada en la "relación con el tiempo que se adecua a las cosas inertes" (25), perdería toda razón de ser cuando los obreros, la mayoría altamente calificados, fueran responsables de su producción y de su maquinaria y pudieran trabajar parcialmente en sus casas, parcialmente en pequeñas fábricas cooperativas, con un número de pedidos que cumplir en un plazo dado, y manejado de manera autónoma. Por eso considerará "la dispersión del trabajo industrial" (26) como la primera regla que debía seguirse para la reconstrucción de posguerra.

Por sí sola, la conciencia de la encarnación responsable va a conducir al hombre hacia el amor por la verdadera grandeza, que es espiritual. Simone ya tiene esa visión en este pasaje de su primer cuaderno:

"La grandeza del hombre está en recrear siempre su vida. Recrear lo que le es dado. Forjar aquello mismo que siente. Mediante el trabajo, produce su propia existencia natural. Mediante la ciencia, recrea el universo por medio de símbolos. Mediante el arte, recrea la alianza entre su cuerpo y su alma. Obsérvese que cada una de estas tres creaciones resulta pobre, vacía y vana tomada en sí misma y fuera de la relación con las otras dos" (27).

La necesidad de la transformación

Dos fuerzas reinan en el universo, luz y gravedad (28).

Están presentes en todos los niveles, en la materia en bruto, en las plantas, en los animales, en los pueblos, en las almas. La luz, lo sobrenatural, penetra esos diferentes niveles, los afecta en su centro, baja hacia ellos, que tienen todos tres energías principales: tamas, rajas y sattva[*]. El tamas es a la vez el extravío y *el cansancio*. "La materia es imprevisión y pasividad." El rajas es "esa fuerza suplementaria que posee el hombre", es la energía. El sattva es algo en la naturaleza "que

---

[*] Términos de la mística hindú, aproximadamente traducidos como "oscuridad", "pasión" y "bondad" respectivamente. (N. del T.)

le permite existir a lo sobrenatural". Es el principio por el cual los animales viven, las plantas absorben la energía luminosa y la transforman en clorofila, "el hombre consume el sol" y lo hace pasar a energía mecánica. El principio de luz sube al encuentro de la luz que desciende, se fusionan. Simone se pregunta cómo podría hacerse para que el hombre, en lugar de transformar "la descomposición de síntesis orgánicas" (29) en energía animal, mecánica, pudiese transformarla en *energía irradiante*. San Francisco tuvo y expresó ese tipo de energía, fuente de fuerza, de "no-violencia *eficaz*" (30).

Mediante la experiencia y la reflexión, Simone profundiza su estudio sobre las relaciones de fuerza que dominan la sociedad (fuerza real de aquellos que a su vez detentan conocimientos indispensables para la supervivencia; fuerza imaginaria que emana del prestigio y que proporciona una compensación a los débiles; poder de las palabras míticas que constituyen móviles fáciles mientras que el examen razonable de los datos reales exige un trabajo) y logra suministrarnos los medios para atravesar desde abajo el mar de la ilusión en donde estamos sumergidos y alcanzar así la superficie de la realidad en un primer equilibrio. Tales medios son intuiciones sobre *la ciencia de las energías, la ciencia de la balanza, la ciencia de los símbolos*.

Percibir lo más posible, para unir la acción con el pensamiento, patrimonio del individuo, fue hasta entonces su fin constructivo. Para ello, persiguió una *purificación*, que equivale a la *liberación* de los mecanismos interiores y exteriores. Cuanto más puro se es, tanto más se percibe, y más nos libramos de la ilusión. La pureza equivale a la libertad, a la capacidad de recepción de la luz que utiliza la gravedad. Veremos el ascenso weiliano hacia la revelación en este sentido. *La pureza* es un equilibrio superior, por el cual lo absoluto se encarna en lo contingente, lo divino en lo humano: tenemos el milagro de *la santidad*.

Toda la vida está constituida por una red de relaciones que son intercambios de energía. Las relaciones corresponden a equilibrios diferentes. No hay más que un equilibrio mecánico. "Todo cuerpo es a la vez pesado e iluminado." Los diferentes equilibrios corresponden, en cuanto a la materia, a las "relaciones de la materia con la vida y de la materia viva con el pensamiento" (31). No basta con delimitar un fenómeno por abstracción. Así los colores tienen un equilibrio propio de las vibraciones y un equilibrio propio de las mezclas de sombra y de luz. Hay pues un "parentesco entre luz y ritmo" (32). Dentro de la sociedad, por una parte existe un "parentesco natural entre el poder y la bajeza", por otra parte, está la ley (que es la presencia simultánea de tamas y sattva).

"Un equilibrio inestable es una imagen del bien en la sociedad y en el alma" (33).

Hay un ritmo en el cuerpo, en nuestro "mar interior", dicho ritmo debe tener detenciones y reinicios: un límite para lo ilimitado. Dios es ese *límite* que "impide que el mar llegue más lejos de lo que debe llegar". Debemos "actuar como él" con respecto a nuestro "mar interior" (34). La música sigue esa medida por la alternancia de "notas descendentes" que representarían "el equilibrio, el plan" y "notas ascendentes e incluso sostenidas" que expresan "la ruptura, el arrebato". El límite puede ser también un *reinicio continuo* o el *pasaje a otra cualidad* (35).

El pasaje es la utilización del límite inevitable para todo gasto de energía.

Siempre necesitamos recibir de una forma o de otra el equivalente de lo que gastamos (36).

Es lo que ocurre en nuestra balanza interna con relación a los resultados de nuestros esfuerzos para cualquier fin, "aunque fuera el servicio de Dios, la salvación del alma, la salvación de su país..." (37). Simone se interroga sobre el valor de los esfuerzos y sobre el uso eficaz de las diferentes energías que hay en nosotros.

Hay esfuerzos que tienen "*el efecto contrario al objetivo buscado* (ej. devotas amargadas, falso ascetismo...). Hay otros que son *siempre útiles aun cuando no lleguen a un resultado*" (38). Tal vez la causa de ello sea la siguiente: unos están ligados a la mentira sobre su propia miseria interior, por lo tanto carecen de fuerza real; los otros perciben siempre con atención "la distancia entre lo que se es y lo que se ama" (39). Es preciso que la energía esté en el mismo nivel que la acción a realizar. Hay que tomar conciencia de la naturaleza de nuestra energía. La imaginación puede ser "proveedora o ladrona de energía *real*" (40). Hay que llegar a usar fríamente esa propiedad para uno mismo, "¿pero cómo?".

La cuestión de los *móviles* siempre le preocupó a Simone. Para la transformación del trabajo industrial, quería encontrar un móvil para el trabajo excedentario que no fuera ni la coacción (contrapartida del "deseo de poder", móvil humano primordial además de las necesidades naturales), ni la devoción que siempre va unida al sometimiento. Primera conclusión: ese móvil "debe ser pues *la voluntad consciente*" (41). Ella comprueba la potencia de las *ventajas imaginarias* que proporcionan energía para *esfuerzos ilimitados* (42) y de los motivos bajos que hacen soportar el sufrimiento más que un motivo elevado. Para el primer caso, da el ejemplo de una "sonrisa de Luis XIV" (43) que es una recompensa imaginaria, pero de valor equivalente al valor de lo que se ha gastado; para el segundo caso, describe a las personas que hacían siete horas de cola "por un huevo" (44), un sacrificio que muy difícilmente hubieran hecho para salvar una vida humana.

Nuestra "fatalidad" (45) es el apego a los frutos de la acción. Para sustraerse de ello, hay que llegar a "no actuar para un objeto, sino por una necesidad"*. Es una especie de pasividad, es una "acción no activa", agua de los taoístas, la obediencia tal como la entienden los santos.

Transportar los móviles de sus acciones al exterior, fuera de sí. Ser impulsado (46).

Para ello, hay que "*transformar* REALMENTE" la imaginación, que en cuanto imaginación es en cierto sentido *la principal realidad* (47). En *El arraigo*, donde se propone un método para "insuflar una inspiración en un pueblo", el problema de "suscitar móviles" está en la base de la nueva noción de política que es preciso afrontar con miras a una nueva sociedad. Es "la noción de la acción pública como modo de educación de un país". Y la educación, sea que tenga por objeto a niños, a adultos o a uno mismo, consiste en

---

* En ambos términos subrayados, la traducción correcta sería la preposición *por*, aunque en francés son diferentes: *pour*, con el sentido de "en busca de", y *par*, con el sentido de "debido a". (N. del T.)

suscitar móviles, "indicar lo que es ventajoso, lo que es obligatorio, lo que está bien" (48). Simone habla de los medios y los fines de esa educación, que justamente tiene en cuenta el equilibrio de energías de los seres humanos. Los medios son: *la expresión oficial* de una parte de los pensamientos que ya se encuentran en el seno de las multitudes, o de ciertos elementos activos de la nación; *el ejemplo*; las modalidades mismas de la acción y de las organizaciones forjadas por ella. La elección de las palabras, de un lenguaje que implique el conocimiento del "estado de ánimo de los franceses" (49) (era en 1943, cuando Simone Weil redactaba su texto para Francia, pero el texto desde un principio fue mucho más allá en el tiempo y en el espacio, hasta afectarnos intensamente cuarenta años después) era lo más importante y lo más factible. Hacían falta palabras "tan simples y claras como fuera posible" y que inoculen el bien, provenientes de una fuente en la cual se puede confiar. Ese lenguaje debía extraer su autoridad en primer lugar de una *elevación del pensamiento* "a la medida de la tragedia presente" (50). En cuanto a los *fines*, están implicados en los dos criterios de elección que se pueden concebir: *el bien*, "en el sentido espiritual del término"(51), y *la utilidad*, que en aquella época se relacionaba con la guerra y con los intereses nacionales de Francia. Teniendo en cuenta los problemas vinculados con las circunstancias, el segundo criterio debía armonizarse con la inspiración del primero, que se fundaba en la certeza de que existe *otra realidad*, "por encima del ámbito terrestre, carnal... que en todas partes es una mezcla inextricable de bien y de mal". En el mundo superior, "el bien no es más que el bien, y aun en el ámbito inferior sólo produce el bien" (52).

El hombre tiene su fuente de energía moral en el exterior, al igual que la fuente de energía física (alimentación, respiración). Generalmente la encuentra, y por eso tiene la ilusión – como en lo físico– de que su ser lleva consigo el principio de conservación. Sólo la privación hace sentir su necesidad. Y en caso de privación, no puede evitar dirigirse hacia CUALQUIER COSA comestible. Sólo hay un remedio para esto: una clorofila que permita alimentarse de luz (53).

La formación de una clorofila depende de la manera en que se utilicen las diferentes formas de energía que sentimos en nosotros mismos, que gastamos en las acciones, los sentimientos, los pensamientos, los deseos. "El cansancio y el hambre son la marca de la condición mortal a lo largo de los días" (54). En toda actividad física, el cansancio proviene del hecho de que la composición de las fuerzas solamente se realiza en el exterior, es violenta. Para evitarlo, en la actividad del cuerpo hay que "dirigir simplemente las fuerzas, que son todas pendulares" (55), con compensaciones inherentes. "Utilizarlas para un movimiento continuo" y al mismo tiempo "mantener el pensamiento en una especie de vacío". E igualmente con respecto a las virtudes en la vida cotidiana y social: entre todas las formas posibles que puede asumir una "tendencia reprimida", "elegir aquella que menos perjudique lo que es superior y dejarse llevar" (56).

Resulta peligroso brindarle a un ser o a una causa más de lo que naturalmente se puede hacer sin esfuerzo, es decir, "arrancar de uno mismo la energía vegetativa". Se corre el riesgo de una progresión exponencial del gasto y del apego vegetativo al resultado (porque se desea ser compensado), y por lo tanto "una creciente esclavitud" (57) o bien, si la voluntad o las circunstancias rompen esa vinculación, "una muerte parcial" o total del yo, o también rencor, odio, tedio, venganza. Nunca hay que pasar el límite.

Existe otra energía, "energía suplementaria y nómade, clave de la vida humana". Es la energía que vincula a Arnolphe con Agnès y a Harpagón con su tesoro. "Podemos llamarla, si queremos, sexual" (58). Simone Weil escribe que no debemos apropiarnos de nada con esa energía, ni de una cosa ni de un ser. En ese punto hay que ejercer la virtud de la "pobreza". "La gimnástica y la música tienen por objeto volver dócil esa energía suplementaria ante lo sobrenatural" (59).

Sin que el pensamiento se dé cuenta de nada, la naturaleza animal en el hombre, su "mecánica humana", siente la mutilación del sufrimiento y trata de comunicarla, "ya sea maltratando a alguien, ya sea provocando piedad"; así logra disminuir el sufrimiento. Aquel que está muy abajo, a quien nadie compadece, que no tiene a nadie que maltratar ("si no tiene hijos o alguien que lo ame"), es envenenado por ese sufrimiento que queda dentro de él (60). Lo mismo ocurre con el deseo de venganza, que es un deseo de equilibrio. Pero si "al violentar esa necesidad [de una recompensa]" que es "fuerte como la gravedad, dejamos un vacío... sobreviene una recompensa sobrenatural". Y es igual con respecto al "perdón de las deudas" que concierne al mal que los otros nos han hecho tanto como al bien que les hemos hecho. También entonces aceptamos un vacío dentro de nosotros mismos.

"Aceptar un vacío dentro de uno mismo es algo sobrenatural. ¿De dónde sacar la energía para un acto sin contrapartida? La energía debe venir de otro lugar" (61).

Se trata de "aceptar el desequilibrio. Ver en él la figura del desequilibrio esencial. Buscar el equilibrio en otro plano" (62).
Tal es el plano de la no-violencia eficaz. "Sopesar claramente el problema" y ajustar la propia balanza. El cuerpo es "una balanza para los móviles", una balanza "en constante movimiento". Si se detiene un momento, en una detención sobrenatural que implica un gasto de energía, de una "energía *esencialmente diferente*", después la balanza es más exacta. Se debe alcanzar "un ritmo óptimo –una duración y una frecuencia óptima de las detenciones" (63). Se llega entonces a "esfuerzos que se producen en nosotros, como en el parto" (64), más allá del esfuerzo voluntario que extenúa en nosotros la clase de imperfección que impide la obediencia perfecta. El esfuerzo de la voluntad usa esa imperfección como "una piedra de afilar usa un trozo de metal" (65). "La atención orientada con amor hacia el bien no representable" (66) podrá entonces comenzar a ser acompañada de actos "sin ninguna operación selectiva, salvo para suprimir, a la manera en que la inspiración poética va acompañada de palabras con ritmo" (67).
En ese camino, *los símbolos* pueden ayudarnos mucho a catalizar la luz, a hacer que crezca "la inspiración", que es la presencia de Dios en el universo destinada a "la parte silenciosa del alma" (68). Los símbolos expresan la unión entre la presencia real y la ausencia aparente de lo sobrenatural en el mundo. Son llamados que uno aprende a percibir, y también son ejemplos. *El agua* tiene una "virtud simbólica: tiende naturalmente hacia el equilibrio" (69). *El fuego* expresa el pasaje a otra cualidad que tiene lugar continuamente dentro del

ritmo de las rupturas y compensaciones de la trama universal: *El fuego continúa hasta que ha destruido aquello que lo produjo* (70). Meditando sobre las dos fases de la germinación de la *semilla* (gracias al agua y por la acción de las diastasas, el almidón contenido en la semilla se descompone y se produce un desprendimiento de gas carbónico; la energía liberada es empleada en la síntesis protoplásmica, la planta brota y puede captar la luz), Simone ve en ello una "analogía con las dos etapas de la liberación en el mito de la caverna" (71). *El vino* "es la sangre del sol" (72). *El sol* está "colgado del árbol del mundo" porque "la energía solar desciende por los árboles y pende de ellos en forma de frutos", que los hombres comen (73). *La cruz* es una "balanza", una "palanca", "el descenso es condición del ascenso" (74).

Luego están las imágenes, los símbolos, las prácticas de meditación, los sacramentos, "los objetos como transformadores de energía". "Les damos nuestra energía y nos la devuelven en mayor grado o degradada" (75). Un método para comprenderlos es no intentar interpretarlos, sino "observarlos hasta que brote la luz", por grados. Lo cual era un método de interpretación del folklore, sobre el que Simone tenía un conocimiento extraordinario, y cuyo estudio que debía hacerse íntegramente de nuevo le parecía indispensable para *la ciencia de lo sobrenatural*. Dado que "en la vida interior el tiempo ocupa el lugar del espacio" (76), la orientación de la mirada sobre los símbolos nos modifica.

Vamos así en busca del contacto con la significación del símbolo, que se experimenta con los sacramentos. La naturaleza humana está compuesta de tal modo que un deseo del alma, mientras no haya pasado a través de la carne, "no actúa sobre ella" (77). El alma tiene hambre de bien, como una planta de luz. Pero sólo puede recibir ese bien. ¿Cómo? Primero, es preciso que reconozca la realidad de su deseo, luego, al ver que no tiene la posibilidad de saciarlo a través de la carne, experimentar la certeza de que "existe realmente una posibilidad sobrenatural" (78) de recibirlo. El hecho de que el ser humano pueda concebir "la noción misma de bien" es la prueba en que se basa la certeza, así como la demostración geométrica proporciona la prueba de la "necesidad" de las leyes mecánicas. Para que el deseo del bien absoluto pase a través de la carne, es preciso que un objeto del mundo sea con respecto a la carne "el bien absoluto del espíritu", a modo de signo y por convención.

"Una convención relativa al bien absoluto sólo puede ser ratificada por Dios" (79).

Lo cual implica una "revelación directa" de Dios, y tal vez hasta necesariamente la Encarnación. Así, por una convención establecida por Dios entre Dios y los hombres, "un trozo de pan significa la persona de Cristo". A partir de allí, la realidad de tal significación se vuelve "infinitamente más real" que la materia, que su realidad de pan. Si se cree que a través de ese pan se tendrá un contacto con Dios y se alimenta esa creencia con el deseo y la atención, el contacto es real.

"La creencia productora de realidad es lo que se llama fe" (80).

Hay un encuentro entre nuestro consentimiento ante el bien y el descenso de ese bien en nosotros, por medio de *la gracia* que es al mismo tiempo "aquello que nos resulta más exterior y más interior".

"El sacramento es una disposición que se corresponde de manera irreprochable, perfecta, con el doble carácter de la operación de la gracia, a la vez sentida y consentida, y con la relación del pensamiento humano con la carne" (81).

En el plano del nuevo equilibrio que se establece mediante el nuevo *ritmo* de las acciones y los intercambios, mediante la aceptación del vacío, nos volvemos capaces de recibir la luz.

"La luz, con el tiempo, produce un acostumbramiento a la luz que permite recibir más luz, y así sucesivamente. Progresión exponencial de las gracias" (82).

Se llega más allá del nivel de la voluntad, donde hay que sobreponerse con esfuerzo a la inercia, el cansancio, el deseo inferior; todo se torna "sufrimiento pasivamente padecido" (83). "El ser cruza una puerta, entra en la senda de la perfección que lo hace capaz del dolor redentor" (84).

Las expresiones en la tierra de la relación consigo mismo, con el prójimo, con el orden del universo, con las prácticas religiosas, con los amigos, se convierten en sacramentos. Las virtudes se vuelven sobrenaturales.

"El mal es al amor lo que el misterio es a la inteligencia. Así como el misterio obliga a que la virtud de la fe sea sobrenatural, lo mismo hace el mal con la virtud de la caridad" (85).

Es el plano de la santidad, que en este mundo es "el único hecho sobrenatural" por el cual vemos el único milagro efectivo: el amor de Dios que se vuelve en aquellos que lo aman "una energía motriz" (86). "La creación es una trama de los pensamientos particulares de Dios." (87) Los santos logran interpretar los pensamientos de Dios leyendo la "gran metáfora" del universo "cuya clave es Cristo". (88)

Es la clave de la armonía de los contrarios. Armonía que es "la unión en un solo pensamiento de pensamientos que piensan separadamente" (Simone cita entonces a Nicómaco de Gerasa) (89). Pero, "¿qué es lo que piensa más separadamente que el hombre y Dios?".

"La Encarnación es la plenitud de la armonía" (90).

IX. Los absolutos que revelan el amor

Así como "el sembrador" de Van Gogh está hundido a la vez en la tierra en donde arroja su grano y en el cielo agitado que se desplaza por encima de él, de igual modo Simone Weil se inmiscuye en la más áspera realidad de este mundo y en ese silencio secreto, eco del mundo más amplio. Vincent y Simone procuraron ambos, con todo su ser, penetrar en esa realidad.

"¿Qué significa dibujar?", se preguntaba Van Gogh. "Es la acción de abrirse un pasaje a través de un muro de hierro invisible, que parece hallarse entre aquello que *sentimos* y aquello que *podemos*... Debemos socavar ese muro y atravesarlo con la lima..." Se proponía tener paciencia porque: "No soy un artista –qué grosero sería– incluso si lo pensara uno mismo –si se pudiera no tener paciencia... viendo brotar silenciosamente el trigo, crecer las cosas– podría uno considerarse una cosa tan absolutamente muerta como para pensar que uno ni siquiera pueda seguir creciendo... Digo esto para mostrar cuán estúpido me parece hablar de artistas dotados o no dotados" (1).

En cuanto a ella, aun quienes sentían "confusamente la presencia de algo", se limitaban a "emitir algunos epítetos elogiosos sobre [su] inteligencia" (2) y sus conciencias quedaban totalmente satisfechas. Esos elogios tenían "como *fin* evitar la pregunta: '¿Dice ella la verdad o no?'" (3).

Simone y la verdad, Simone y la sociedad, Simone y la política, Simone y Francia, Simone y Europa, Simone y el mundo. Se la escuchaba y se la leía con la misma atención apresurada conque se acuerda en todo, decidiendo interiormente de manera definitiva, con respecto a cada fragmento de idea: "estoy de acuerdo con esto", "no estoy de acuerdo con eso", "esto es colosal", "aquello es una completa locura"... Conclusión: "Muy interesante", y se pasa a otra cosa. "No nos hemos cansado" (4). Así les escribía ella a sus padres desde Londres, donde atravesaba su última soledad. En Londres es donde toma completa conciencia de su tarea y de su vocación, que coinciden como en cada uno de nosotros. Afirma entonces:

"Tengo... una especie de certeza interior creciente de que hay en mí un depósito de oro puro por transmitir. Sólo que la experiencia y la observación de mis contemporáneos me persuaden cada vez más de que no hay nadie para recibirlo" (5).

Una vez más, ella no se hace ilusiones, no espera nada, no supone que "otro lugar sea mejor". También dice que no siente "ninguna pena"; y es cierto en el sentido de que "la mina de oro es inagotable" (6). Pero el sufrimiento de ver que la verdad no es escuchada también está presente, igualmente trágico.

Ella aparece íntegramente en el mensaje punzante de su anteúltima carta, fechada el 4 de agosto de 1943, con la falsa dirección de su locataria, cuando ya se encontraba desde hacía tiempo en el Middlesex Hospital. Conversa entonces con sus padres, les habla de los días cálidos que han vuelto, "interrumpidos por torrenciales aguaceros", de la "muchachita de diecinueve años" fresca y sana que hace la limpieza y no es experta en los *boys*, y de un postre de nombre "delicioso" pero mentiroso, *fruit fool*, ya que se trata sobre todo "de gelatina o de natillas (químicas) mezcladas con un poco de compota de frutas pasas". Los *fools*, los locos, son los de Shakespeare que aquí aparecen, y que son los únicos personajes de Shakespeare que dicen la verdad. ¿Por qué? Lo "trágica" que resulta su significación se le hizo notorio cuando vio *Lear*.

"En este mundo, sólo seres caídos al último grado de la humillación, muy por debajo de la mendicidad, no solamente sin consideración social, sino considerados por todos como desprovistos de la primera dignidad humana, la razón –sólo ellos tienen de hecho la posibilidad de decir la verdad. Todos los demás mienten" (7).

No tienen ni título de profesor ni mitra de obispo. Nadie está "advertido" de que es preciso prestarle atención al sentido de sus palabras, incluso sus voces no son "escuchadas" porque sabemos bien que están locos. Bueno, desde hace cuatro siglos dicen "la verdad a secas". "Darling M.", le pregunta ella a su madre, "¿percibes la afinidad, la analogía esencial entre esos locos y yo –a pesar de la escuela, el diploma universitario y los elogios de mi 'inteligencia'?" (8). Ella consideraba que su inteligencia era "mediocre" (9) y totalmente entregada a la obediencia de lo que le parecía ser ("día por día, instante por instante") "la luz de la verdad" (10). Por lo tanto, su reputación de inteligencia era "el equivalente práctico de la etiqueta de loco para los locos".

"¡Cuánto más me gustaría esa etiqueta!" (11).

Detengámonos aquí, en esa imagen del loco que dice la verdad. Es un catalizador de sabiduría; su carácter trágico es de hecho nuestro propio carácter trágico, si no despertamos ante la verdad "que es el mundo común a todos los seres despiertos" según la fórmula de Heráclito. Si ocultamos debajo de la sentimentalidad enternecida nuestra fuga ante la interpelación del loco, nos condenamos a la *pereza, tamas, acedia*. Del mismo modo, ante la interpelación de Simone: "¿Qué sentido les dan a sus vidas?", toda opción de piedad por sus renunciamientos como mujer, de irritación por sus desequilibrios contingentes, de acuerdo o desacuerdo con respecto a las pautas establecidas de clasificación intelectual, moral, espiritual, será de hecho una fuga ante el problema de vida o muerte de nuestro crecimiento humano. La misma *pereza, tamas, acedia*.

Me viene a la mente otro loco: "el Loco" del tarot, la única carta (o lámina) del juego que no tiene número. Por ello, es incondicionado, ya no entra en una serie. Es aquel que renuncia a su "yo" para recuperar un "Yo soy" en otro nivel, aquel que sale del país "confinado" para alcanzar su verdadera patria, "la otra realidad" (12). Representa al Extranjero, aquel que se ha convertido a sí mismo en objeto de asombro, de desconfianza o de odio. Encarna la verdadera espontaneidad. De hecho, ese Extranjero es "el único que está verdaderamente en el centro del mundo, por su fuerza de comprensión y de apertura". Su heroísmo es doble, porque une el distanciamiento con la devoción, la salida del mundo con la presencia en el mundo. "Está a la vez por encima y por debajo de todo, ya que se ha hecho hijo de Dios" (13).

De Simone Weil emana la esencia del Loco.

Yendo hasta el fondo de la "voluntad de ser" y de la "voluntad de actuar" (14), elementos profundos de lo femenino y de lo masculino en ella, Simone rechazó todo soporte y todo marco, toda protección y todo esquema. Durante su encuentro con Cristo en el cual, ya sin fuerzas luego de su peregrinaje descarnado a través de la desgracia social (la fábrica y la guerra), ella acepta el alimento de su alma, su viático, *la obra* de su vida destila su misma cualidad. Ella se transmite íntegramente para nosotros en sus escritos, que son el fruto directo de su vida. Por lo cual, en su caso podemos hablar esencialmente de *alimento* en el sentido de intercambio vital.

Esa vida es en primer lugar *la historia de una ósmosis*.

La gran metáfora de la anorexia

Dicha historia puede sintetizarse, en mi opinión, diciendo que es la metáfora central de una vida de mujer: su anorexia. Allí se encuentra el núcleo de sus intercambios —deseados y rechazados— con los demás y consigo misma, allí se expresa también el conflicto entre su cuerpo y su cabeza, entre su vida vegetativa y su razón. Un conflicto que tiene diferentes fases —dos treguas existenciales: el viaje a Italia, sobre todo el de 1937, y la época de Marsella— y que se traspone a los diferentes planos de su ser y a medida que su proyecto se desarrolla, hasta su muerte.

Simone nació un mes antes de término; sin embargo, era un hermoso bebé, de desarrollo normal hasta los seis meses de edad. Luego, su madre se vio obligada a seguir un régimen estricto debido a una apendicitis y a pesar de ello quiso continuar dándole el pecho, entonces la niña empezó a desmejorar, probablemente a causa de esa leche alterada. Su destete, cuando tenía casi un año, fue seguido por una crisis de apendicitis también en su caso. No quiso tomar más que líquido y en la mamadera. "Esta niña no puede vivir", dijo un médico inglés que la vio en Paris-Plage (15). Siguiendo el consejo de un especialista, le dieron de comer alimentos más sólidos haciéndole agujeros a las tetinas.

De modo que estuvo enferma desde los once hasta los veintidós meses de edad. A los tres años y medio, debieron extraerle el apéndice y tardó mucho tiempo en reponerse. Le quedó de ello una fobia a los médicos. La relación con su cuerpo pronto se hizo conflictiva; la niña quería imponerse a éste, lo convierte rápidamente en un medio, lo expone al frío. Para imitar a André, su hermano tres años mayor, en 1916 decide prescindir de las medias en invierno; y seguirá "siempre con los pies desnudos y de sandalias en lo más crudo del invierno, siempre con la cabeza descubierta" en el liceo Fénelon (16); hace deporte, ciclismo, carrera pedestre, salto, rugby. En casa de los Weil, celebraban la cultura física; "a la mañana, toda la familia se reunía para hacer gimnasia" (17). Una camarada del estadio Élisabeth en París habla de ella en la época de la École Normale: una universitaria en medio de estudiantes y obreras; ella tiene "una torpeza increíble" y un "coraje indomable". "Cuando Simone se cae y se lastima al hacer la vuelta de carnero, se levanta sin decir una palabra y empieza de nuevo" (18).

Durante mucho tiempo realizó sus estudios en casa. Recién en 1919 hizo su ingreso a la vida pública en el liceo Fénelon. "Nos superaba en materias como francés, literatura, historia", dice Geneviève Mathiot. Pero sobre todo, añade: "Teníamos la impresión de un origen diferente, de un pensamiento que no correspondía a nuestra edad, a nuestro ambiente. Parecía alguien que hubiese vivido mucho más. Debía sentirse un poco aislada entre sus camaradas, porque sus preocupaciones eran muy diferentes a las de ellas" (19). No obstante, su influencia sobre sus camaradas era grande, las elevaba hasta su propio nivel, y la maestra, Mlle. Sapy, "se inquietaba por tener una clase tan extraordinaria" (20). Ya entonces encontramos a la chica "enigmática" de Alain; y en la época de Marsella, será la joven mujer "de mirada extraordinaria detrás de los inmensos anteojos, con la boca muy marcada, sinuosa, húmeda. Miraba a través de su boca. El conjunto ojos-boca contenía una exhortación, una petición y, al mismo tiempo, una ironía insoportable frente a las estupideces y a las cosas indiferentes, mediocres... Ella llevaba todo hasta el fondo". Así me habló de ella Jean Tortel.

La exigencia era extrema, el ansia de unión, de escucha, de intensidad análoga era insaciable y la exhortación, inquietante. En sus sentimientos, en sus contactos, desde un principio hay una alternancia entre distanciamiento mezclado con pudor en la declaración de la necesidad afectiva y el deseo de intercambio, de ósmosis. Aquella cuya "extrañeza alejaba", cuyo "rechazo a instalarse en la vida" se manifestaba ya en la escuela preparatoria, según declaraciones de su camarada Jacques Ganuchaud (21), era la misma muchacha del "extremo deseo de ternura, de comunión, de amistad", que tomó de Claudel esta imagen de sí misma: "Mi suerte estaba con mis compañeros, mi fe y mi esperanza, y mi corazón en un corazón hecho como el mío" (de ello se acuerda Suzanne Aron-Gauchon, quien había encontrado a Simone en el curso 1924-1925 del liceo Victor-Duruy; su amistad con ella iba a ser muy fuerte hasta 1934) (22). Alba, su profesor de historia en el tercer año de escuela preparatoria*, al cual siguió su fracaso en el examen de ingreso a la École Normale justamente a causa de historia (1927-1928), resumió así su carácter: "La necesidad de buscar la verdad y de expresarla con un invencible coraje cuando la había hallado; un rechazo absoluto a toda solución de compromiso, tanto en las cosas pequeñas como en las grandes" (23). Esa necesidad está en el origen de su negación a contentarse, adaptarse, y también a recibir algo de otros. Por tal motivo, los equilibrios contingentes ligados a la comprensión de la vida media, a la paciencia frente a las imperfecciones de lo cotidiano, le resultaron imposibles. Su anorexia deriva en gran parte de ese rechazo, que es al mismo tiempo un combate. Porque no hay que olvidar nunca que Simone paga constantemente un precio de mujer apasionada por la energía profética dentro de un cuerpo adolescente, con un impulso lúcido para la acción genial que es viril, en el sentido en que Catalina de Siena decía que había que ser "viril". Su migraña que la torturaba, en gran parte psicosomática (en Italia, con el abandono a la belleza, no la padece), expresa ese combate, esa labor íntima que constituye una etapa valerosa en el camino del acuerdo entre lo masculino y lo femenino en nosotros, y por consiguiente en las relaciones interpersonales de pareja y de grupo.

Dar-recibir: equilibrio entre la necesidad de alejamiento y el deseo de ósmosis. ¿Qué es el amor? Ella reflexiona acerca de la relación

---

* En el original, *cagne*, ciclo de estudios preparatorios para ingresar a la École Normale. (N. del T.)

entre el amor físico y el trabajo. Mediante el trabajo podemos "sentir cada cual dentro de sí mismo la existencia del mundo"; mediante el amor, ¿es posible "sentir cada cual dentro de sí mismo la existencia de otro ser"? Sí, debe de ser así, "pero a condición de que no haya deseo, ni siquiera voluptuosidad propiamente dicha... Alegría, no placer... Ciertamente sería la única forma pura". Y al margen, aunque tachado con lápiz, añade:

"Percibir al ser amado en toda su superficie sensible, como un nadador el mar. Vivir dentro de un universo que es él" (24).

Así es el amor de Jaffier por Violetta. Jaffier llega a identificarse con el amor de Violetta por Venecia. Con su inocencia recuperada y "redentora" de un ser que, por su sufrimiento, "detiene el tiempo", y detiene entonces la acción ilusoria, el mal, Jaffier salva "la inocencia feliz" de la muchacha. Dicha inocencia es "algo infinitamente precioso... una felicidad precaria... azarosa" (25), digna de compasión, cúspide del amor, virtud sobrenatural donde el sentimiento impersonal quiere y preserva la realidad cotidiana. A costa del sacrificio del *yo*. Al final de la tragedia, oiremos a Jaffier diciendo:

La muerte viene a buscarme. Ahora la vergüenza pasó.
¡Qué hermosa es la ciudad ante mis ojos pronto sin mirada!
Sin retorno es preciso alejarme de los lugares de los vivos.
No se ven amaneceres allí donde voy, ni ciudades (26).

Casi como un eco que sirve de contraste, la voz de Violetta celebra la fiesta:

... ha llegado el día más dulce para mí
Más que el sueño...
Tu felicidad está allí, ven a verla, ciudad mía.
Esposa de los mares, mira a lo lejos, mira más cerca:
Tantas masas henchidas de susurros felices
Bendicen tu despertar (27).

Jaffier se ha vaciado de toda necesidad, todo deseo, todo sueño, para nutrir la felicidad inocente de Violetta y de Venecia, una *ciudad* terrestre, dos debilidades amenazadas por la fuerza.

El Amor es pobre; así lo representa Platón en *El banquete*. "Delgado, con los pies desnudos, sin abrigo, siempre en el suelo, durmiendo frente a las puertas y en las rutas, que tiene la falta como compañía y la indigencia como séquito…" San Francisco (28).

Es sacrificial, incomprendido, abraza la causa de los vencidos. Antígona, que declara "no nací para compartir el odio sino el amor", es condenada por Creonte a descender abajo: "Si tienes necesidad de amar, ama a los de abajo" (29). No hay igualdad en la tierra, el enemigo muerto no puede "nunca" ser un amigo para Creonte, que representa la ley terrestre. El Amor sigue siendo *el alimento* por excelencia, el punto de intercambio en el nivel de la ósmosis con el alma del mundo. Simone Weil, que rechazó el alimento como niña, como adolescente, como mujer en la tierra, rechazando así los equilibrios contingentes, lo hizo para comprender la significación simbólica del alimento para el alma. Y lo simbólico es lo real, el punto en que se compone la contradicción primaria:

"Sabemos por experiencia que la verdad es exclusivamente universal, y que la realidad es exclusivamente particular, sin embargo ambas son inseparables e incluso forman una sola cosa" (30).

El punto que puede mostrarnos el vínculo, por una parte con la realidad, por otra parte con la verdad trascendente, que son inseparables, es el hambre, y con ello el alimento. "El ayuno constituye un conocimiento experimental del carácter irreductible del alimento y por consiguiente de la realidad del universo sensible" (31). Simone acepta el alimento de manos del Amor en dos ocasiones: abandonándose a "la ternura" del poema *Love* que tiene una virtud "curativa" para su alma y su cuerpo "en pedazos"; "Tienes que sentarte, dijo el Amor, y probar mis manjares. Así que me senté y comí" (32). Y en la buhardilla, en ese tiempo fuera del tiempo, entre dos estaciones, cuya crónica podemos leer en las dos páginas recuperadas sin fecha en medio de los *Cuadernos*. Se titulan "Prólogo" o "Comienzo del libro", y fueron confiadas por Simone a su madre como un testamento espiritual en el momento de despedirse en el muelle de Nueva York cerca del 10 de noviembre de 1942.

"Estábamos solos. Él habló... A veces se callaba, sacaba un pan del armario y lo compartíamos. Ese pan tenía verdaderamente el sabor del pan. Nunca más volví a probar ese sabor" (33).

Se trata de la misma *sustancia* que se encuentra en la eucaristía, sustancia en el sentido de "aquello que es objeto, no para el sentido, no para el entendimiento, sino para el amor". Es un *reconocimiento*, el encuentro renovado entre el Amor nutricio y el deseo del amor que hay en el alma.

"Hay un símbolo en el alma, y hace falta algo fuera del alma para *extraerlo*" (34).

Ese camino del reconocimiento implica que consintamos en *recibir*, lo que resultaba más duro para ella que continuamente tropezaba con la "mala humillación" ligada al sentimiento de culpabilidad, a no condonar las deudas ni por Dios ni por el mal que uno mismo haya hecho en el pasado ni por el bien que no hayamos agradecido. La mala humillación aumenta las humillaciones que se han sufrido de parte de los otros y por obra de las circunstancias, y acumula el cansancio. Es lo contrario de la *humildad*, que es la clave de la armonía entre los santos y el universo, y permite continuamente la transformación cualitativa de las acciones. Es "la clave de la espiritualidad en las diversas ocupaciones temporales"; para que crezca y deje el camino abierto para el amor, es preciso "concebir lo universal" y tener dentro de sí "un principio de amor sobrenatural" (35). Pero Simone sabe por la experiencia de su desgracia física (la migraña, "ese estado en que caí a los veinte años") que "el amor no habita en ella" porque allí donde habita "actúa con un torrente ininterrumpido de energía sobrenatural". Ella se detiene obsesivamente en la frase de Isaías que considera "terrible": "Aquellos que aman a Dios nunca están cansados" (36).

El deseo de la acción sacrificial sigue presente, la atormenta, es el deseo de participación por ósmosis en la forma particular de la desgracia de su época (la Segunda Guerra Mundial), al igual que la pasión de Cristo y la redención. Le suplica a su amigo Maurice Schumann, en Londres, que le encuentre "una misión en alguna operación de sabotaje" (37). "Preferentemente peligrosa" (38). "El dolor y el peligro son indispensables a causa de mi conformación mental... La desgracia propagada sobre la superficie del globo terrestre me obsesiona y me agobia a tal punto que anula mis facultades... Le ruego que me consiga, si puede, la cantidad de sufrimiento y de peligro útiles que me preservará de ser consumida *estérilmente* por la pena" (39). Habiendo sabido que su proyecto de formación de enfermeras para la línea de combate se había considerado irrealizable, no pierde "toda esperanza" de que se lleve a la práctica, pero afirma que "de todas maneras otras tareas son más convenientes para el momento actual" y se declara "ávida" de entregarse a ellas "lo más rápido posible" (40).

Su soledad de mujer con una situación espiritual muy particular agrandaba en su alma los ecos de la verdad recibida, pero confirmaba el sufrimiento por su sentimiento de esterilidad ante la desgracia humana. Era la alternancia luz-tinieblas, sattva-tamas, esperanza-vergüenza, unión-separación.

Ella no había aceptado el bautismo sobre todo para no "separarse de la masa inmensa y desdichada de los no creyentes".

"Tengo la necesidad esencial, y creo que puedo decir también la vocación, de pasar entre los hombres y los diferentes ambientes humanos confundiéndome con ellos, desapareciendo entre ellos" (41).

Ella ha recorrido un largo camino en la ruta de la unificación. Recordemos su aprendizaje de la *lectura*, donde nos invita a tomar "conciencia" de lo que leemos. Y eso es posible pues "¿acaso el hombre no es el alma del mundo?" (42). En Marsella, en la cripta del convento de los dominicos, Simone sostenía conversaciones sobre los griegos, Platón, los trágicos, Pitágoras... "Había concebido el proyecto de reunir los más bellos escritos no cristianos sobre el amor de Dios" (43). Los textos relacionados con las conversaciones fueron redactados por ella desde el mes de noviembre de 1941 hasta el 26 de mayo de 1942. Antes de partir hacia Norteamérica, le entregó esos textos al padre Perrin, que luego los publicó con el título de *Intuiciones precristianas*. Al reflexionar sobre el *Timeo* de Platón, piensa que Platón, mediante "el mundo o el cielo", indica esencialmente el Alma del Mundo. Dicha Alma del Mundo es "el Hijo único de Dios" que Platón denomina "monogenes" como San Juan. "El mundo visible es su cuerpo." Al nombrarlo, albergamos su alma en la mente, como cuando "nombramos a un amigo". Por nuestra alma estamos unidos a su alma. Como nuestra alma no está en nuestro cuerpo, el Alma del Mundo es infinitamente más vasta que la materia. Ha sido engendrada desde la eternidad. "Contiene en sí misma la sustancia de Dios unida al principio de la materia" (44).

Esa ósmosis se ha arraigado tan profundamente en Simone que llega a pronunciar *la terrible plegaria de Nueva York*, cuando por mucho tiempo "no se había atrevido a rogar" (45), temiendo el "poder de sugestión de la plegaria" y, después del encuentro con el padre Perrin, el poder de sugestión de su amistad por él (46). También estaba su resistencia a recibir, a aceptar el alimento, que se acompañaba por una parte con el deseo indómito de defender su propia independencia e integridad como mujer (la violación era para ella el mayor crimen), y por otra parte, con la exigencia de una adhesión absoluta a la fe en todos sus aspectos.

"Mientras el orgullo impida que se consienta en recibir, no se tiene el derecho de dar" (47).

Hay que suplicar estar abierto, dilatado, para aprender a recibir el don de la vida de la compasión del "vencedor", "una vida nueva... hecha de pura misericordia". Ella quiere volver a ser un recién nacido: "Que los gritos que daba cuando tenía una o dos semanas resuenen en mí sin interrupción por esa leche que es la simiente del Padre" (48). Pero no podía olvidar la desgracia de los hombres, el hambre de ellos:

"Dada la situación general y permanente de la humanidad en este mundo, es muy posible que comer hasta hartarse sea siempre una estafa."

Y añade "he cometido muchas" (49), tal vez aludiendo a los alimentos intelectuales, los disfrutes de la belleza, la posibilidad de pensar y de escribir. En la plegaria de Nueva York, le pide al Padre, en nombre de Cristo, convertirse en incapaz de movimiento, "como un paralítico", no percibir ninguna sensación, como un "ciego, sordo y privado de los otros tres sentidos", no encadenar dos pensamientos, como un "idiota", experimentar cualquier clase de dolor y de alegría, e incluso amor por sí misma, "como los ancianos completamente seniles". Todo para que entonces los aspectos de su ser que se han vuelto perfectos por la agilidad, la intensidad, la inteligencia y la sensibilidad le sean arrebatados, devorados por Dios, transformados en "sustancia de Cristo" y dados "a comer a los desdichados cuyos cuerpos y almas carecen de cualquier clase de alimento" (50).

Esa plegaria surgió de ella "a pesar de" ella. "No es posible pedir cosas semejantes voluntariamente." Pero se las acepta, "con una violencia ejercida por el alma entera sobre el alma entera" y al mismo tiempo "con un movimiento único de todo el ser". La relación entre Dios y el alma se asemeja para Simone a "la del esposo con la esposa todavía virgen, en la noche de bodas".

"El matrimonio es una violación consentida" (51).

El alma siente frío y no tiene conciencia de su amor, que es la fuente secreta del consentimiento. Esa unión conyugal va a "convertir a la persona de un hombre en un simple intermediario entre su carne y Dios" (52): la Encarnación.

La persona y lo sagrado

Simone pensaba que la obligación más estricta de los dos o tres próximos años era "hacer que aparezca ante el público la posibilidad de un cristianismo verdaderamente encarnado". Dicha encarnación implica "una solución armoniosa del problema entre el individuo y la colectividad" (53). En aquel año de 1942, Simone le reprocha a la

Iglesia, cuya "función como conservadora colectiva del dogma es indispensable" (54), sobre todo dos cosas que corresponden ambas a la Iglesia como colectividad con una tendencia natural "a los abusos de poder". La primera es la importancia atribuida a la imagen del Cuerpo Místico. La seducción que emana de esa imagen vuelve a dicho cuerpo, del que seríamos sus miembros, semejante a otros cuerpos místicos que no tienen a Cristo como cabeza. La idea de una pertenencia así procura una embriaguez idólatra, el placer del sentimiento social, que se parece al sentimiento religioso "como un diamante falso a un diamante verdadero" (55). La segunda cosa es que la Iglesia, que fue la primera que reiteró en Europa el totalitarismo del Imperio Romano en el siglo XIII luego de la guerra de los albigenses, defiende actualmente la causa de los derechos imprescriptibles del individuo contra la opresión colectiva, de la libertad de pensar contra la tiranía, pero sin decir "abiertamente que ella misma haya cambiado o quiera cambiar" (56). No es posible entonces tomarla en serio, si recordamos la Inquisición y vemos en su defensa de los débiles el oportunismo de "aquellos que momentáneamente advierten que no son los más fuertes" (57).

Tal era el problema central que había que resolver para la transformación del individuo y de la sociedad. Y hacer de la religión el pivote de la "vitalidad moral" (58), la clave de bóveda de "la arquitectura del alma" que es "la meta de la vida humana" (59). Hacía falta otro equilibrio de fuerzas. La igualdad convencional, que supone una igualdad de poder sobre un territorio, y por ende un equilibrio entre derechos análogos, deja de lado a aquellos que no tienen ninguna clase de territorio. Hacía falta otra forma de igualdad, es decir, otra forma de dignidad humana. Simone la hacía surgir en relación con el Cuerpo Místico: "Nuestra verdadera dignidad no está en ser las partes de un cuerpo... aunque fuera el de Cristo"; antes bien:

"En el estado de perfección, que es la vocación de cada uno de nosotros, ya no vivimos en nosotros mismos, sino que Cristo vive en nosotros; de manera que a través de dicho estado Cristo en su integridad, en su unidad indivisible, se vuelve en cierto sentido cada uno de nosotros así como está íntegramente en cada hostia" (60).

La armonía de una sociedad en la que pueda encarnarse un cristianismo, es decir, expresarse en pensamientos, palabras y actos, sólo puede basarse en *el sacrificio del egoísmo* por un libre consentimiento ante *la responsabilidad* de unos hacia los otros, incluyéndose uno mismo. "La inspiración activa" (61) para tal creación moral no puede ser más que *el amor impersonal.*

El amor impersonal surge de lo sagrado dentro de un ser humano y se dirige a lo que es sagrado en él. Y recíprocamente:

"Todo lo que es impersonal en el hombre es sagrado, y sólo eso" (62).

Para favorecer el surgimiento y el crecimiento de lo impersonal en uno mismo y en los otros, hay que escapar de dos prisiones: lo colectivo y el culto de uno mismo. Esas dos prisiones corresponden a dos extravíos: la idolatría que le atribuye a la colectividad un carácter sagrado, y el hedonismo solipsista que considera la expansión de la persona como la única tarea digna del hombre. Tales extravíos son al mismo tiempo dos mentiras ante nosotros mismos mediante las cuales nos defendemos de dos temores: el miedo a la soledad moral y el miedo al vacío. Con el fin de defendernos de ellos, nos arrojamos ávidamente en la compensación de la *dependencia* y en la compensación del *egotismo*. Desde el punto de vista espiritual, esos dos errores han sido los motivos esenciales de la lucha entre la Alemania de 1940 y la Francia de 1940. La victoria del primer error no resulta sorprendente, pues "la persona siempre está de hecho sometida a la colectividad, incluso en aquello que se llama su pleno desarrollo". Lo que se ve entre los artistas y los escritores que, con la ilusión del culto a sí mismos, están en realidad sometidos al gusto del público (Simone Weil cita a Hugo, Wilde, Gide, los surrealistas) y lo mismo ocurre con los científicos, ya que "la moda es más poderosa incluso en la ciencia que en cuanto a la forma de los sombreros" (63).

Es preciso un cambio de orientación. El ser humano que no tenga miedo de la soledad moral podrá albergar dentro de sí una atención que lo llevará, más allá de las apariencias, a percibir el deseo del "bien impersonal" en el centro de su "corazón", remontándose a lo largo de ese deseo hacia otra realidad "situada fuera del mundo, fuera del espacio y del tiempo, fuera del universo mental del hombre". Así como la realidad de este mundo es "el único fundamento de los hechos", la otra realidad es "el único fundamento del bien". Si se traslada allí la atención, uno lograría "arraigarse", incluso con una porción de su alma, en el bien impersonal, y nos volveríamos capaces de tomar de allí una energía. Sentiremos entonces *la obligación* de proteger en todos los seres humanos no la persona, sino "todas aquellas frágiles posibilidades de pasaje a lo impersonal que la persona contiene" (64).

"Dicha obligación es eterna. Corresponde al destino eterno del ser humano" (65).

En su oficina de redactora en Londres, Simone Weil piensa y escribe con una urgencia que es la culminación de todas las urgencias de su vida, con miras a ese destino. Estaba encargada de elaborar una doctrina "para el uso" de grupos de estudios en Francia cuyos proyectos debía examinar. Tener una doctrina es indispensable –aun cuando no sea en absoluto suficiente– así como para el pescador saber reconocer "la estrella polar", a fin de orientarse en la noche. Simone sabía bien que "concebir", comprender y adoptar la mejor doctrina resulta "fácil", ya que "las verdades fundamentales son simples". La dificultad está en la aplicación práctica, que debe volverse "instintiva" a causa de haberse nutrido de tales verdades (66). Hay que tratar de traducirlas a un lenguaje que exprese "las aspiraciones cristianas" que yacen en el corazón de los hombres (católicos, protestantes, ateos) (67), un lenguaje hecho para los seres humanos de Francia y de Europa afectados por la desgracia. Es el tema de *El arraigo*, título póstumo del *Preludio a una declaración de los deberes hacia el ser humano*. Simone Weil sustituye la noción de *derecho*, ligada a la de cantidad (tener), por la noción de *deber*, de obligación, ligada a la de *cualidad* (ser).

En su ensayo de 1934, *Reflexiones sobre las causas de la libertad y la opresión* (la primera etapa en la historia de su pensamiento social), Simone afirmaba: "La buena voluntad de los hombres actuando como individuos es el único principio posible del progreso social" (68). Esa buena voluntad necesitaba de una libertad consciente y responsable con la cual los individuos puedan ser capaces de unir los pensamientos y las acciones, reaccionando así contra su subordinación a la colectividad. Podían entonces empezar a "negarse a subordinar [su] propio destino al curso de la historia" (69). El mecanismo de la opresión, de la necesidad ciega, debía empezar a derrumbarse desde el interior.

En *El arraigo* que, como las *Reflexiones sobre las causas de la libertad y la opresión*, parte de la noción de *condición de existencia*, es decir, de los datos básicos para una evolución en un medio, Simone introduce una nueva serie de datos: *las necesidades del alma*, que expresan su nueva visión del ser humano y responden a una expansión interior de dicho ser, cuya buena voluntad se ha convertido en aspiración al bien. Esas necesidades expresan la relación natural del hombre con lo trascendente, que habita en el centro del corazón de cada uno bajo la forma de una exigencia de un bien absoluto, que no encuentra objeto alguno en este mundo, pero que pone a cada cual en contacto con "la otra realidad". El vínculo de deseo entre esos dos polos es tal que puede convertirse en *un puente*, un medio de regeneración interior y práctica para uno mismo y para los demás. El deseo debe transformarse en atención y en amor, y la aspiración volverse consciente voluntad del bien. Dicha aspiración al bien es "algo idéntico en todos" más allá de las desigualdades fácticas de este mundo. Reconocerlo es el único móvil que puede persuadirnos del respeto universal hacia todos los seres humanos, incluso hacia uno mismo. *El respeto* se comprueba por la respuesta sensible, el remedio para las necesidades terrestres del alma y del cuerpo de la criatura. "La atención orientada de hecho hacia afuera de este mundo" (70) es la facultad necesaria para desarrollar la sensibilidad; germina y crece en una sociedad que actúa para curarse.

La enfermedad de Europa ha sido causada por la insatisfacción de las necesidades del alma. Simone emplea entonces por primera vez el término *desarraigo*, o interrupción del circuito tierra-cielo, luz-gravedad. Y analiza los tres desarraigos primarios de nuestra época: el desarraigo obrero, el desarraigo campesino y el desarraigo que puede denominarse "geográfico" y que se refiere a las colectividades que corresponden a territorios.

Las necesidades del alma nunca han sido estudiadas. La ausencia de tal estudio obliga a los gobiernos, cuando tienen buenas intenciones, "a agitarse al azar" (71). Lo cual también depende del mal uso del poder, considerado hasta ahora como un fin. Pero *el poder* es solamente un medio que es a la política "lo que un piano es a la composición musical" (72); debe servir a la política, que tiene como objeto la justicia. Exige pues una *atención* de la misma índole que el trabajo creador del arte, que tiene por objeto la belleza, y de la ciencia, que tiene por objeto la verdad.

Las *necesidades del alma* corresponden a los *deberes hacia el ser humano*. Una Constitución que pueda ser el fundamento de una vida nueva debe basarse en una "declaración de los deberes hacia el ser humano". Las leyes deben ser siempre la proyección de la declaración en el ámbito de los hechos, formando así una trama de responsabilidad de tal modo que "quienquiera que ejerce o desee ejercer un poder –político, administrativo, judicial, económico, técnico, espiritual u otro– se vea sujeto a comprometerse a tomarla como regla práctica de su conducta". Por su parte, el pueblo debe adoptarla con la intención de que se vuelva "la inspiración práctica de la vida del país". La aceptación de esa declaración implica "un esfuerzo continuo" para hacer que aparezcan lo más rápidamente posible las instituciones y las costumbres aptas para realizarla (73).

El deber fundamental es *el respeto*, que debe ser expresado "de una manera real y no ficticia" (74). La necesidad fundamental es *el hambre*, que es la primera de las necesidades físicas. Para la formación de una sociedad, se le debe respeto a todo aquello que pueda alimentar moralmente al hombre en este mundo.

Las dos necesidades morales esenciales son *la necesidad de orden* y *la necesidad de raíces*. La primera coincide con la aspiración al bien y con el deseo de *sabiduría* que quisiéramos poseer para realizar tal aspiración, haciéndola factible en un orden humano verdadero. Con tal fin, quienquiera que ejerza un poder debe tratar de formar por medio de su conducta instituciones apropiadas para favorecer *la salud de la sociedad*, es decir, el equilibrio individual de los seres humanos que la componen y el equilibrio de sus relaciones recíprocas. Las dos acciones principales de dichas instituciones tendientes a manifestar un respeto idéntico a todos los seres humanos son: *el reconocimiento tangible de la igualdad* y *la eliminación de la mentira*. La segunda necesidad, más ignorada y tal vez más vital, la necesidad de raíces, procura que el alma humana esté "arraigada en varios ambientes naturales" y pueda "comunicarse con el universo a través de ellos" (75). Basta con pensar en la patria, los ámbitos definidos por la lengua, por la cultura, por un pasado histórico común, la profesión, la localidad...

Las dos expresiones fundamentales del respeto deben ser adoptadas para satisfacer las otras necesidades morales, que son para el alma lo que el alimento, el calor, el sueño son para el cuerpo. En su mayoría, pueden ser clasificadas por pares de opuestos que se equilibran y se complementan; y son: la igualdad y la jerarquía, la obediencia y la libertad, la verdad y la libertad de expresión, la propiedad privada y la propiedad colectiva, el castigo y el honor, la seguridad y el riesgo.

Es preciso establecer un equilibrio entre la igualdad y la diversidad; dicho equilibrio puede surgir de una proporción entre la potencia y los riesgos que esté basada en *la responsabilidad*. La jerarquía es la escala de las responsabilidades, y debe ser verdadera, es decir que cada cual debe responder por sus responsabilidades; tendrá entonces el efecto de conducir a que cada uno "se instale moralmente en el lugar que ocupa" (76).

La obediencia en el seno de una jerarquía supone la aceptación de reglas establecidas o de seres humanos reconocidos como jefes. Implica la conciencia generalizada de tres cosas: "El consentimiento es el factor principal de la obediencia" (antes que nada los jefes deben ser conscientes de ello); "los que mandan a su vez obedecen"; "toda la jerarquía [está] orientada hacia un fin cuyo valor y cuya grandeza [son] sentidos por todos" (77). Las reglas establecidas son necesarias para limitar la elección de *la libertad*; es preciso que sean "bastante" razonables y bastante simples como para que el lazo con las necesidades que les han impuesto, por una parte, y con su utilidad, por otra parte, resulte claro.

La necesidad de verdad, que es la más sagrada, exige que no se ejerza nunca en el ámbito del pensamiento "ninguna presión material o moral que proceda de otra preocupación que no sea la preocupación exclusiva por la verdad" (78); lo cual implica la prohibición absoluta de toda propaganda y la protección pública contra el error y la mentira.

La necesidad de verdad es un aspecto de la necesidad de *libertad de expresión* o de opinión. Esta última es una necesidad absoluta para la inteligencia, porque "cuando la inteligencia se siente incómoda, el alma entera se enferma" (79). Hace falta un ámbito, separado y accesible a todos, para el libre ejercicio de la búsqueda intelectual. Ninguna agrupación puede pretender la libertad de opinión que, por el contrario, funciona generalmente junto con *la libertad de asociación*. Ésta no es una necesidad, sino un expediente de la vida práctica. Si bien puede ser admitida como expediente, con restricciones (*grupos de intereses*), no debe ser concedida en ningún caso a esos grupos que pretenden imponerles a sus miembros un pensamiento uniforme. El individuo termina siendo excluido de ellos "por el delito de opinión" (80), el grupo evoluciona como partido totalitario, de donde surge, como hemos visto, el Estado totalitario.

La justicia exige que la *propiedad privada*, concebida como la apropiación de objetos concretos tales como la casa, el campo, los muebles, las herramientas de trabajo, que el alma considera "prolongaciones de sí misma y del cuerpo", sea "inalienable como la libertad" (81). *La propiedad colectiva*, que es "un estado espiritual" por el cual una esfera humana considera ciertos objetos materiales (en una ciudad: jardines, monumentos, ceremonias –recordemos su Venecia) como "una prolongación y una cristalización de sí misma" (82), debe ser satisfecha por cualquier clase de colectividad.

El castigo satisface la necesidad vital de justicia y de perdón. Todo ser humano que se ha puesto fuera del bien por un crimen tiene necesidad de ser "reintegrado al bien por medio del dolor" (83); para que el castigo sea percibido como un honor y "como una educación suplementaria" (84), es preciso que se desarrolle de manera de comunicar respeto por la justicia en la sustancia y en las formas. Primero, es preciso que la duración de las penas se corresponda con el carácter de las obligaciones violadas y no con los intereses de la seguridad social. Segundo, es preciso que todo ser humano inocente, o que ha terminado de expiar su culpa, sea reintegrado plenamente en su honorabilidad. Porque *el honor* es una necesidad vital, y respetarlo en la sociedad es hacer crecer el honor interior que está en relación con el verdadero coraje. *El miedo* a la violencia, al hambre o a cualquier otro mal extremo es una *enfermedad del alma* que necesita seguridad para defenderse de ello. Sin embargo, también necesita un determinado *riesgo* para hacer funcionar sus recursos y ejercer el coraje, ya que *el tedio* es otra enfermedad del alma. La necesidad de seguridad y la necesidad de riesgo encuentran un equilibrio en *la necesidad de responsabilidad*, donde lo imperioso de tomar decisiones se acompaña con el deseo de ser útil, e incluso indispensable.

Los desarraigos son la suma de las *enfermedades morales de carencia* (85). ¿Cómo reconocerlas? ¿Qué quiere decir tener raíces para un ser humano? Es participar de manera "real, activa y natural en la existencia de una colectividad que mantiene vivos ciertos tesoros del pasado y ciertos presentimientos del futuro" (86). Si bien los intercambios de influencias entre ámbitos diferentes también resultan indispensables, un ámbito determinado no debe recibir pasivamente una influencia exterior. Lo cual tiene lugar durante la conquista militar, que casi siempre es un mal; incluso sin una conquista por las armas, la mera *dominación económica* puede causar el desarraigo. Actualmente, en nuestros países, uno de los venenos que propagan esa enfermedad es *el dinero* al que hemos convertido en "juez" y "verdugo", el dinero que reemplaza todos los móviles por "el deseo de ganancia".

La enfermedad presenta su forma más agudizada en *la condición obrera*, que está "íntegra y perpetuamente pendiente del dinero" (87). En la *condición campesina*, está menos avanzada, aun cuando implique algo todavía más escandaloso: resulta "contra natura" que la tierra sea cultivada por seres desarraigados. ¿Cómo descubrir la enfermedad, que es una forma de la desgracia? *Leyendo* las reivindicaciones de los obreros como *signos* de su sufrimiento, y por ende como síntomas.

"No es en el plano jurídico donde se sitúan la desgracia de los obreros y el remedio para esa desgracia" (88).

Sólo una enumeración de tales sufrimientos, surgida de la *sensibilidad*, puede suministrarnos la lista de las cosas que se deben modificar. Todas ellas confluyen en la exigencia central que Simone había percibido desde sus primeros artículos de 1931-1932 para los grupos sindicales: "Una transformación en la concepción misma de las investigaciones técnicas" (89). Las *máquinas*, que hasta ahora han sido construidas con dos objetivos, los beneficios de la empresa que promueve las investigaciones y los intereses del consumidor, deben ser proyectadas con miras al *bienestar moral de los obreros*. (Pierre Dantu, un amigo ingeniero al que ella había aconsejado en este sentido, lamentó mucho no haber seguido su consejo.) Con ello, se tendría la inspiración central necesaria para una serie de transformaciones en la organización de la fábrica (pequeños talleres y cooperativas), en el plano sindical (colaboración entre sindicatos conscientes y los departamentos de investigación de las empresas) y en cuanto a la cultura obrera (mediante un esfuerzo de *traducción*, expresar en su plenitud las verdades de la verdadera cultura y tornarlas *perceptibles para el corazón*).

Tal modo de vida social no sería "ni capitalista ni socialista". Su fórmula de orientación sería *la dignidad del hombre en el trabajo*, lo que constituye un valor espiritual.

El respeto por dicha dignidad debe ser manifestado de manera tangible e igualitaria a los campesinos, que desde hace siglos se hallan en contraste con los obreros y se sienten dejados de lado, privados de la vida de la ciudad en donde ocurre todo (Simone revivía entonces sus experiencias de contacto con los campesinos en España). El campesino necesita recuperar sus raíces en la tierra y la alegría de trabajarla. Con tal fin, primero hay que satisfacer su sed de propiedad, sana y natural: que la tierra, poseída en pequeños lotes o bien en común en amplias superficies (cooperativas), sea considerada como un medio de trabajo y no como una riqueza dejada en herencia. Y que lo mismo ocurra en cuanto a la triple propiedad obrera (casa, tierra, máquina). Para su bienestar moral, sería bueno celebrar con una *fiesta solemne* el primer contacto del campesino adolescente con la tierra y, luego de algunos años, aplacar su "sed de novedad" (demasiada estabilidad también engendra el desarraigo) con viajes gratuitos, facultativos y ligados a tareas educativas, en Francia y en el extranjero, aunque no en las ciudades, sino en los campos. Para impedir que la cultura siga siendo ajena a los campesinos, es preciso inventar métodos nuevos. Comenzando por *la ciencia*, que debe basarse en el fenómeno maravilloso de la síntesis clorofílica, por lo cual toda instrucción en las aldeas debería tener por objeto *la belleza del mundo*.

Lo que cuenta es la luz secreta del fin sobrenatural, que puede operar las trasmutaciones necesarias. El trabajo está en su sitio dentro del pensamiento de un hombre cuando "está en contacto entre este mundo y el otro" (90). Simone lo expresa con una comparación muy hermosa y muy femenina.

"Una mujer feliz, embarazada por primera vez, que cose una batita, piensa en coser correctamente. Pero no olvida ni por un instante al niño que lleva dentro. En el mismo momento, en alguna parte en un taller de prisión, una condenada cose pensando también en coser correctamente, porque teme ser castigada. Se podría imaginar que las dos mujeres hacen la misma labor en el mismo instante, y tienen su atención ocupada por la misma dificultad técnica. Pero no deja de haber un abismo entre uno y otro trabajo. La totalidad del problema social consiste en hacer pasar a los trabajadores de una de estas dos situaciones a la otra" (91).

El desarraigo geográfico (de las colectividades en relación con los territorios) generalmente es causado por la imposición de una influencia extranjera luego de una conquista militar. El desarraigo es debido al menos a la invasión de pueblos migratorios. En Francia, la centralización del Estado desarraigó primero a las colectividades de las tierras internas y luego de las tierras ocupadas por la expansión colonial. La herramienta práctica de dicha usurpación fue el supuesto *patriotismo,* que hasta ahora no ha sido más que un *nacionalismo ciego* y que les impide a los franceses tener un justo amor por Francia como patria. Una patria no es "un absoluto" que se deba idolatrar, es "un hecho", un *ámbito vital* para un grupo humano determinado. En tanto que "proveedora de vida", es un bien hacia el cual tenemos obligaciones: se la debe alimentar, respetar su desarrollo y su salud. Debemos amarla prestando suma atención a sus crueldades y sus mentiras, que vuelven a ese amor más doloroso y al mismo tiempo lo disponen a "discernir el bien" (92) en su objeto. Ese amor como *compasión* es el único que puede hacer menguar la vergüenza ante la disgregación moral del país, superando la repulsión instintiva y el rechazo por una desgracia merecida, y dejando en claro las causas de la disgregación. "El orgullo no puede convenir a los desgraciados" y "la búsqueda de las compensaciones en la desgracia es un mal". (Recordemos la afirmación: Amar la vida y amar aún más la muerte.) La compasión por Francia "no es una compensación, sino una espiritualización de los sufrimientos padecidos" (93).

En suma, el problema *urgente* y *práctico* sería: "Reconstruir un alma del país" (94). Recordemos aquel "esfuerzo continuo", necesario para crear instituciones y costumbres que sean una red viviente de responsabilidades humanas, bajo la inspiración de la Declaración de los deberes hacia el ser humano, conscientemente adoptada por el pueblo. Pero no existe un método verificado para suscitar una inspiración en un pueblo. Hay que tener siempre en mente la noción clara de la acción pública como educación de un país. Una educación no es gran cosa si no se inspira en la concepción de una determinada perfección humana; cuando se trata de un pueblo, semejante concepción debe abarcar a una civilización entera.

Sobre todo cuatro obstáculos nos separan de una forma de civilización que pueda tener algún valor: *la falsa concepción de la grandeza; la degradación del sentimiento de justicia; la idolatría del dinero; la ausencia de inspiración religiosa.*

Nuestra concepción de la grandeza es el defecto más grave. Es la concepción que inspiró toda la vida de Hitler, quien la deseó con toda su desesperación de desarraigado y tuvo el coraje de realizarla. Nosotros nos limitamos a inclinarnos vilmente ante ella, y aunque seguimos alimentándonos de ella en la historia y transmitiéndola en la enseñanza, la condenamos con gran escándalo en nuestros enemigos y nos abstenemos cobardemente de hacerlo en la acción. Se habla de castigar a Hitler. La única manera de hacerlo y de apartar a los jóvenes sedientos de grandeza de seguir su ejemplo es una *transformación tan completa del sentido de la grandeza* que Hitler quede excluido. Primero es preciso realizar dicha transformación en nosotros mismos.

"¿Se puede admirar sin amar? Y si la admiración es un amor, ¿cómo osamos amar algo que no sea el bien?" (95).

Por el contrario, *el bien es despreciado* en la historia, donde estamos sometidos al dominio de la fuerza que nos obliga a admirar en el pasado a Napoleón, César, Alejandro... La consideramos objetiva, cuando no hace más que subordinar el pensamiento al único tipo de documentos que pueden quedar: los testimonios de los vencedores. La misma coerción actúa sobre nosotros en cuanto a las letras y las artes juzgadas sobre la base de esa verdad que ha pasado a ser un lugar común entre los niños y los hombres: el talento no tiene nada que ver con la moralidad. Y no se propone para su admiración más que el talento. En la historia, cuyo estudio "unido a la experiencia de la vida" es el único procedimiento para conocer el "corazón humano", no sólo es preciso que los hechos sean tan exactos como se los pueda verificar, sino que sean mostrados en su verdadera perspectiva con relación al bien y al mal. En cuanto a las letras y las artes, hay que ser consciente de que el talento no tiene una vinculación con la moralidad porque no tiene grandeza, pero en el plano de la verdadera grandeza es preciso llegar a percibir y mostrar que entre la perfecta belleza, la perfecta verdad, la perfecta justicia, "existe una unidad misteriosa, porque el bien es uno" (96). (Giotto, genialidad pura y estado de iluminación mística; *King Lear*, fruto del puro espíritu del amor; Monteverdi, Bach y Mozart, seres puros tanto en sus vidas como en sus obras.)

La degradación del sentimiento de justicia está ligada a la idolatría de la fuerza y proviene de *la concepción moderna de la ciencia*. Tal concepción está en la fuente de la contradicción interior que nos desgarra desde hace dos o tres siglos. Por una parte, basándonos en la ciencia moderna tal como ha sido fundada por Galileo, Descartes, etc., y proseguida luego por Newton al igual que en los siglos XIX y XX, consideramos la fuerza como única dueña de la naturaleza. Por otra parte, fundándonos en el humanismo surgido del Renacimiento, triunfante en 1789 e inspirador en una forma degradada de la IIIª República, creemos que los hombres pueden y deben fundamentar sus relaciones mutuas sobre la justicia reconocida por la razón. Pero la fuerza, que es un mecanismo ciego, no puede producir la justicia. Si la fuerza es entonces absolutamente soberana, la justicia es absolutamente irreal. Pero es real: "la estructura de un corazón humano es una realidad... con el mismo rango que la trayectoria de un astro" (97). Entonces, la ciencia está equivocada. Hay que demostrar su error y transformarla. Es esencial, dado su inmenso prestigio; junto con su aplicación, la técnica, constituye nuestro único motivo de orgullo en cuanto occidentales, modernos, de raza blanca. Todos, ya sean creyentes o no creyentes, están sometidos a la ciencia que, por una parte, coincide con *la idolatría* de la fuerza o del *dinero*, que es su símbolo actual, y por otra parte, con *la ausencia de inspiración religiosa*. Se idolatra a la ciencia como sagrada y se les da a los científicos una responsabilidad igual a la que tenían los sacerdotes en el siglo XIII. No obstante, incluso el gran público advierte que la ciencia, como producto de una opinión colectiva, está sujeta por consiguiente a sus órdenes y caprichos. Sin embargo, esto no nos escandaliza. "Demasiado embrutecidos para ser sensibles a algún escándalo." La *enfermedad de la idolatría* es tan profunda en nosotros que les quita a los cristianos "la facultad del testimonio por la verdad" (98).

El hombre ciertamente no es amo y señor de la naturaleza, y se engaña al creerlo así. Es el hijo de aquel que rige la naturaleza; es "el hijo de la casa". La ciencia lo prueba. Cuando está sobre las rodillas de su padre y "se identifica con él por el amor, participa de la autoridad" (99).

La identificación más completa por el amor se da en *la santidad*, que realiza la perfección propuesta por el Evangelio, en donde hallamos "una física sobrenatural del alma humana" (100). Los "mecanismos sobrenaturales" (de los que encontramos un estudio riguroso, por ejemplo, en San Juan de la Cruz) son al menos tan rigurosos como la ley de la caída de los cuerpos. La experiencia práctica de los santos nos confirma que "el bien baja a la tierra" solamente en la medida en que se realicen determinadas condiciones concretas. De donde deriva "el único hecho sobrenatural de este mundo", la santidad, o lo que se le aproxima, es decir, el hecho de que el amor de Dios se vuelve en aquellos que lo aman "una fuerza activa, una energía motriz" (101).

X. Integrar todas las dimensiones del mundo

La identificación por amor del hijo pródigo que es el hombre con el padre tiene lugar en el centro del corazón. Es allí donde se inserta el universalismo de Simone Weil, que orientó todo su itinerario. Tal itinerario es la profunda interiorización sin fronteras de todas las aspiraciones a la justicia, a la verdad, a la belleza, en una palabra, al bien, que están presentes en todas las religiones y en particular condensadas en el cristianismo. Simone fue atraída por el cristianismo justamente porque lo percibía como "la más universal de las religiones" y porque en cierto sentido podía contenerlas a todas en su seno, a condición de que fuera comprendido y que se comprendiera a sí mismo en un sentido amplio y profundo (1).

Ella trabajaba en profundidad. El gran alcance de su trabajo era y sigue siendo *interno*. Es preciso escuchar bien en esa longitud de onda si pretendemos sacar provecho de él, como ella quería, como nos sería útil hacerlo. En su vida terrena, fue sobre todo una fuente taponada, un fuego ahogado por las reacciones de los demás y por sus autonegaciones ligadas, por una parte, con la tristeza de una mujer que renuncia y, por otra parte, con la obsesión por la desgracia que llegaba hasta el punto de "anular [sus] facultades" (2). Creo que una imagen de la última época de su vida puede expresar este contraste de energía-asfixia, llama-cenizas:

"A primera vista, era difícil distinguir a Simone de su vestimenta de pobre, todo se confundía en un mismo tono... Hay personas que llevan encima la miseria del mundo, lo que sigue siendo todavía una manera de permanecer en el exterior de ella; Simone, en cambio, la había integrado.

Toda su fuerza estaba en su mirada que expresaba su energía, su voluntad, los rechazos y las exigencias de su permanente meditación. Solía pasar que se crispara notablemente. Sin llegar a elevarse, el tono de la voz cambiaba para volver a caer enseguida en una más grave extenuación... [Sus] dimensiones no se correspondían con las nuestras, cualquiera fuese nuestro esfuerzo para acercarnos a ella; la comunicación con Simone seguía resultando difícil" (3).

La interiorización sin fronteras

En Solesmes, cuando Simone asistió a la eclosión de su fe implícita y empezó a sentir la exigencia de una "adhesión mucho más categórica" a la "verdad religiosa" (4), se planteó el problema del bautismo católico, es decir, de la fe explícita. Ella le declaró al padre Perrin que había sido "tomada... conscientemente" también, sin la mediación de ningún ser humano (5) y que aún negaba a medias no su amor, sino su "inteligencia" por "puro afán de verdad" (6).

Lo que hará entonces será examinar la validez de sus dudas y sus prejuicios, pero sobre todo va a interrogar, escuchar, leer, o mejor dicho va a "alimentarse" siguiendo con "obediencia" (7) su deseo de contacto con la verdad, los textos sagrados (es entonces cuando, entre otras cosas, se inicia en el sánscrito por consejo de su antiguo camarada en el Henri IV, René Daumal), los místicos, descubre el mundo occitano y a los cátaros, relee y traduce a los griegos... Su camino es muy claro. Tales lecturas iluminadas por el amor, que se acompañan con sus largas presencias frente al santo sacramento, sus conversaciones en la cripta del convento de los dominicos, sus tareas en favor de los asilados extranjeros, sus colaboraciones en los *Cahiers du Sud*, su ayuda a la Resistencia a través de la difusión de los *Cahiers du Témoignage chrétien* y su trabajo en los campos..., la sostienen como alas poderosas rumbo a la decisión que será *el sello de su alma*: permanecer en el umbral de la Iglesia, perteneciendo a Cristo y adhiriendo totalmente a los misterios de la fe cristiana con la clase de adhesión que le parece la única "conveniente" para los misterios. "Tal adhesión es amor, no afirmación" (8).

Simone Weil no puede traspasar ese umbral, porque quiere quedarse junto a "tantas cosas" que ama y que no desea abandonar, tantas cosas que Dios ama y que permanecen fuera del cristianismo tal como la Iglesia lo vive actualmente. Se trata de:

"Toda la inmensa extensión de los siglos pasados, exceptuando los veinte últimos; todos los países habitados por razas de color; toda la vida profana en los países de raza blanca; dentro de la historia de dichos países, todas las tradiciones acusadas de herejía, como la tradición maniquea y albigense; todos los efectos resultantes del Renacimiento, a menudo demasiado degradados, pero no completamente sin valor."

Dios ama todas esas cosas, porque "de otro modo no tendrían existencia" (9).

Simone las rodea con su abrazo de mujer y les da una vida nueva, uniéndolas unas con otras mediante el común denominador de su participación en lo *real*. Cada una tiene su significación en el universo, como las letras de un idioma. Por ese motivo hay que *amarlas* con idéntica atención y *leerlas* según una interpretación universal. Sin compartimentaciones ni distinciones. La claridad y el amor para esa lectura provienen del interior; de allí surgen los tres aspectos del universalismo weiliano.

El primer aspecto se refiere a las diferentes tradiciones, expresiones y actitudes religiosas. Entre sus contactos más profundos, está el que establece con las tradiciones hindúes y budistas, con la fe cátara, con los mitos y las leyendas. Simone encontró en la filosofía de los *Upanishads* la confirmación de la "tendencia monista fundamental" que se halla en "las estructuras ocultas de su pensamiento" (10). Lo real es fundamentalmente uno y fundamentalmente divino; participamos de él íntimamente. Llevamos a Dios "en el centro de nosotros mismos" (11). La concepción del *atman* expresa su propia intuición de lo infinitamente pequeño que es lo impersonal en todo ser.

"Yo soy todo. Pero ese mismo 'yo' es Dios. Y no es un 'yo'" (12).

En su proyecto para una nueva sociedad, el *trabajo físico* estaba destinado a convertirse en el *centro espiritual* de la vida social. Las nociones de *karma* y de *dharma* la habían ayudado a formular dicha intuición, que fue la respuesta a su pregunta: "¿Cómo establecer una base religiosa no idólatra para la acción?". Si el *karma* es la ley de las consecuencias de la acción, el *dharma* es el balance que se debe efectuar tomando en consideración dicha ley. Ella lama al *dharma* "la necesidad amada" (13). La acción es un puente y una herramienta de lectura.

"Mis acciones aumentan o disminuyen el espesor del velo que me separa del universo y de los otros" (14).

Tenía una concepción periódica de la Encarnación. Entre las encarnaciones del Verbo anteriores a Jesús, piensa en "Osiris en Egipto y Krishna en la India" (15). A menudo emplea el nombre de Krishna en lugar de Cristo, "por una especie de pudor", según Simone Pétrement (16).

En su encuentro con la religión budista, lo más interesante es su utilización de algunas tradiciones tibetanas y japonesas. Dentro del budismo lamaísta en tanto que religión basada en la noción de energía, Simone Weil se interesó particularmente en los ejemplos en los cuales la imagen de la energía era el alimento. Recordemos la significación que la imagen y el acto de comer y de no comer tienen en sus escritos y en su vida: es la *descreación* de uno mismo en favor del otro, como criatura, como prójimo o como trascendente. Su ejemplo favorito del budismo tibetano era la historia de Milarepa y su cuenco roto. "Había perdido todo y renunciado a todo, pero aún no había sentido con todo su ser que el mismo cuenco era perecedero" (17). También medita sobre la noción de *tharpa* que es "la ausencia de todas las creencias, de todas las imaginaciones" y que conduce a la no-lectura (18). En el zen, que conoció sobre todo a través de Daisetz Teitaro Suzuki, ella encuentra esa iluminación. El método zen, que le "parece una búsqueda de vacío tan intensa que reemplaza todas las adhesiones", permite llegar a un punto donde la "búsqueda y lo buscado se funden en una perfecta identificación" (19). "Los *koans* son para ella como la frontera de la necesidad inteligible, donde se espera la revelación de la realidad y de la unidad que están del otro lado" (20). El sufrimiento es un *koan*. "Dios es el maestro que lo aloja en el alma como algo irreductible, y obliga a pensarlo" (21).

Simone se aproxima a los cátaros estudiando los trabajos de Déodat Roché y hablando con René Nelli. Los estudia y los ama porque han vivido su fe, que puede ser considerada "como un pitagorismo o un

El filósofo Gustave Thibon en su casa de Saint-Marcel-d'Ardèche. Simone, que desea trabajar en el campo, se quedará algún tiempo en su granja; luego hará la vendimia en la propiedad de un terrateniente de Saint-Julien de Peyrolas.

Jean Tortel: "Simone Weil era una joven de mirada extraordinaria detrás de los inmensos anteojos, con la boca bien marcada, sinuosa, húmeda. Miraba a través de su boca. Ese conjunto ojos-boca contenía una súplica, un pedido y al mismo tiempo una ironía insoportable frente a las estupideces o a las cosas indiferentes, mediocres...".

Simone Weil en Nueva York (1942).

Arriba: salvoconducto de Simone Weil en Londres en 1943.

Abajo: primer día de emisión de la estampilla Simone Weil, 10 de noviembre de 1979.

platonismo cristiano", "de una manera práctica y en un ámbito humano" (22), y porque su "país ha muerto", exterminado por "la espiritualidad totalitaria" (23). Piensa que podemos hallar en ellos una inspiración de piedad y de amor hacia una *patria* y una afirmación de la fe (que nos salvaría) en la herencia griega, en la civilización mediterránea. Ella desearía ardientemente que los textos cátaros fueran editados para que resucitara "esa forma de pensamiento" (24). Sólo los textos originales procuran "el contacto" (25) con aquello que se desea conocer (era el método de Alain, que ella ha continuado). Hay otros textos que procuran un contacto con la búsqueda religiosa del hombre: son los mitos y las leyendas del mundo entero. Simone posee un conocimiento "inagotable" del folklore (26) y se dedica a su estudio sistemático, sobre todo en Nueva York. Era un estudio que coincidía con el estudio de lo sobrenatural, "como tal o como fenómeno". Para estudiarlo como tal, "hace falta la fe en el verdadero sentido del término" (27), pues lo sobrenatural es la luz; desde siempre el ser humano desea la luz, y parte en su busca. Lo que leemos constantemente en los mitos y las leyendas es la historia del alma y de su viaje.

El segundo aspecto del universalismo weiliano se funda directamente en el primero; se refiere a la relación entre la religión y la cultura, y en particular la ciencia. Según Simone Weil, la pérdida de la significación religiosa que tenían para los griegos la cultura, la ciencia y las matemáticas explica en gran parte el malestar de nuestra época, donde la separación entre ciencia y religión agrava cada vez más el desarraigo del ser humano con respecto a lo real. Es preciso hacer que vuelva a descender entre nosotros *el espíritu de verdad*, el único móvil puro de una ciencia que sea una de las *formas implícitas del amor a Dios*. Es por esto que hace falta efectuar la reconciliación entre la religión y la ciencia. Incrementar una lista de conocimientos más allá del bien y del mal no es un móvil suficiente para suscitar el deseo por la verdad. La verdad no puede ser deseada sino cuando es considerada *un bien*. El amor por su objeto le resulta necesario al científico, pues el amor puro es por sí solo "fuerza activa, espíritu de verdad". El mundo como objeto de estudio puede suscitar el amor a través de su *belleza*, que afecta al pensamiento del científico y lo pone en contacto con la "red invisible, impalpable e inalterable de orden y de armonía" que sostiene la materia y la fuerza. ("La red del cielo es vasta", dice Lao-Tsé, "sus mallas son amplias; sin embargo, nada pasa a través de ellas.")

"El científico tiene como fin la unión de su propio espíritu con la sabiduría misteriosa eternamente inscripta en el universo."

Por ello, la separación entre el espíritu de la ciencia y el espíritu de la religión no tiene sentido. Ya que:

"La investigación científica no es más que una forma de la contemplación religiosa" (28).

Ya advertimos el tercer aspecto del universalismo de Simone Weil. "Es un aspecto más específicamente europeo y cristiano, pero esencial para una humanidad universal. Es la idea de que lo universal se ha encarnado en un individuo y actúa a través del individuo y no a través de lo social o lo colectivo" (29). En ese punto se funda la perplejidad con respecto al mensaje weiliano, donde también tienen su origen las diferentes reacciones de rechazo, de irritación, de temor, de polémica con respecto a su obra. Se experimenta una gran dificultad para comprender esto, dado que lo social parece comparativamente más vasto y más fuerte que el individuo. Se busca en lo social una verdad y una autoridad, finalmente una protección contra *la responsabilidad* individual, que por el contrario tenemos el deber de asumir en cuanto necesidad central del alma. La responsabilidad es el móvil que puede hacernos acceder a un *uso del sufrimiento*, transformándolo en *sufrimiento redentor*.

Quisiera proponer como emblema de "la disposición de Simone Weil a *incluir* antes que a excluir" (30) lo que dijo acerca de las tres concepciones principales de la muerte: la aniquilación, la reencarnación y el cielo y el infierno. Dijo que *todas* estas concepciones son necesarias para nuestra comprensión. "Pueden muy bien ser aceptadas como verdaderas y pensadas simultáneamente, si tenemos en cuenta que la muerte está en la intersección del tiempo y la eternidad." La reencarnación oculta la verdad de que "esta vida es única, irreparable", la única en la cual perdernos o salvarnos. El paraíso y el infierno ocultan la verdad de que "la salvación corresponde a la única perfección y la condena a la única traición, y que el alma imperfecta, aunque orientada hacia el bien, no es capaz ni de una ni de la otra". La noción materialista de la aniquilación excluye la verdad primaria de que "la única necesidad del alma es la salvación y que todo el sentido de la vida está en constituir una preparación para el instante de la muerte".

"No podemos representarnos la existencia sino en el tiempo, y por ende no hay diferencia para nosotros entre la aniquilación y la vida eterna, excepto por la luz. Una aniquilación que es luz, es la vida eterna" (31).

Y cada uno puede y debe buscar esa luz, vivir cada vez más en el plano de lo universal y de lo absoluto para hacerlo penetrar en la tierra, resolviendo así la primera contradicción, el hecho de que "la verdad es exclusivamente universal y que la realidad es exclusivamente particular, y sin embargo ambas son inseparables y forman una sola cosa" (32); con el fin de ser cómplice de aquello "misterioso en el universo [que] es cómplice de quienes sólo aman el bien" (33), así como para alcanzar *la alegría*. La alegría de las Pascuas "que planea por encima del dolor y le da término", la alegría que ella no había podido alcanzar por exceso de compasión, la alegría que es "un misterio" (34) y "no es lo contrario del dolor" (35). La satisfacción de las necesidades del alma puede conducirnos a ella (36). Como la verdad, nos está destinada.

"El hombre que tiene contacto con lo sobrenatural es por esencia un rey, porque es la presencia dentro de la sociedad, bajo una forma infinitamente pequeña, de un orden que trasciende lo social.
"Pero el sitio que ocupa en la jerarquía social es completamente indiferente. En su sitio es el centro de gravedad" (37).

Notas

Capítulo I

1. *EdL*, p. 201-202. Carta a Maurice Schumann (Londres, sin fecha).
2. *EdL*, p. 98-108. Este escrito apareció primero con el título "Retorno a las guerras de religiones", en *La Table Ronde*, n° 55, julio de 1952, p. 39-48.
3. Esta cita y las anteriores, salvo indicaciones diferentes, provienen del texto "Esta guerra es una guerra de religiones", en *EdL*, particularmente p. 99, 100, 102.
4. Testimonio de André Weil a Malcolm Muggeridge, en *Simone Weil, Gateway to God*, Fontana Books, Glasgow, Collins, 1974, p. 153.
5. Pétrement I, p. 68.
6. Testimonio de Camille Marcoux a la autora.
7. Pétrement I, p. 70.
8. Entrevista de Marie-Madeleine Davy, en Marienne Monnestier, *Elles étaient cent et mille. Femmes dans la Résistance* (*Ellas eran cien mil. Mujeres en la Resistencia*), París, Fayard, 1972, p. 203.
9. Según un artículo inédito de Jean Rabaut, "Simone Weil et la IV Internationale", cit. en Pétrement I, p. 322.
10. Según un artículo de Jean Rabaut, en *L'Âge nouveau*, n° 81, mayo de 1991, p. 20, cit. en Pétrement I, p. 353.
11. Pétrement I, p. 384. "Los Trotsky se ocultaron en casa de los Weil a fines de 1933." En Jacques de Kadt, *Chez Simone Weil, rupture avec Trotsky* (*En casa de S. W., ruptura con Trotsky*), con introducción de Boris Souvarine, en *Le Contrat social*, vol. XI, mayo-junio de 1967, París, Institut d'histoire social, p. 141-145.

12. Testimonio de Demise-Aimé Aazam, en su libro *L'Extraordinaire Ambassadeur*, París, La Table Ronde, 1967, p. 115.

13. Según una carta de Pierre Honnorat a Jean Coulomb, en *CSW*, Tomo V, n° 2, junio de 1982, p. 74.

14. Carta a Gustave Thibon (Casablanca, mayo de 1942), en *CSW*, Tomo IV, n° 4, diciembre de 1981, p. 196.

15. Albert Camus, "Presentación de *El arraigo*", 1ª ed. en Bulletin Gallimard, junio de 1949, cit. por Eugène Fleuré en *Albert Camus devant Simone Weil*, en *CSW*, Tomo I, n° 2, septiembre de 1978, p 16.

16. Alain, *Diario de Alain 1937-1950* (inédito), cit. en André Sernin, *Alain, un sage dans la cité* (*Alain, un sabio en la ciudad*), col. Biographies sans masque, París, Laffont, 1985, p. 439.

17. Giancarlo Gaeta, ensayo introductorio a los *Quaderni, I* (edición italiana de los *Cahiers*), col. Biblioteca 118, Milán, Adelphi 1982, p. 14.

18. *AdD*, p. 52. Carta IV – Autobiografía espiritual (De Marsella, 15 de mayo aproximadamente [1942]).

19. *AdD,* p. 144. Ensayo, "Formas del amor implícito a Dios" – "El amor al prójimo".

20. Albertine THÉVENON, *"Avant propos"*, en *CO*, p. 17.

21. Franco FORTINI, *"Quello che ammiro e quello che rifiuto"* ("Lo que admiro y lo que rechazo"), en *Rinascita*, n° 46, 20 de noviembre de 1981, p. 24.

22. T. S. Eliot, Prefacio a *El arraigo* (en inglés *The Need of Roots*), trad. de Philippe Barthelet, en *CSW*, Tomo V, n° 2, junio de 1982, p. 147-148.

23. Albert Camus, en *CSW, loc. cit.,* p. 17.

24. Entrevista de Marie-Madeleine Davy, en Marianne Monnestier, *op. cit.,* p. 203.

25. *CI*, p. 73.

26. *AdD*, p. 53. Carta IV. Autobiografía espiritual (De Marsella, 15 de mayo aproximadamente [1942]).

27. *EdL*, p. 170. Fragmentos y notas.

28. Giancarlo Gaeta, "Riflessioni sull'opera filosofico-religiosa di Simone Weil", en AA. VV., *Simone Weil, La passione della verità*, Brescia, Morcelliana 1984, p. 26. ("Reflexiones sobre la obra filosófico-religiosa de S.W.", en *S. W., La pasión de la verdad.*)

Capítulo II

1. El "coraje de ser" es un concepto de Paul Tillich, que lo tematizó en su libro *The courage to be* (en francés, *Le Courage d'être*, col. Livre de Vie, París, Casterman, 1967).
2. *AdD*, p. 38-39. Carta IV – Autobiografía espiritual (De Marsella, 15 de mayo aproximadamente [1942]).
3. *AdD*, p. 37-39, *Íd., ibíd.*
4. PÉTREMENT I, p. 49.
5. Pétrement I, p. 50.
6. Testimonio de Louis Goubert, discípulo de Alain, a la autora.
7. Pétrement II, p. 269.
8. Pétrement II, p. 13.
9. *CI*, p. 27.
10. *CI*, p. 21.
11. *CI*, p. 41.
12. *CI*, p. 26.
13. *CI*, p. 66.
14. *CI*, p. 69.
15. *CI*, p. 31.
16. *CI*, p. 35.
17. André Sernin, *Alain, un sage dans la cité*, col. Biographies sans masque, París, Laffont, 1985, p. 261.
18. *EHP*, p. 109. Esbozos de cartas a un destinatario que ha permanecido ignorado (¿1938, 1939?).
19. *AdD*, p. 39. Carta IV – Autobiografía espiritual (De Marsella, 15 de mayo aproximadamente [1942]).
20. Alain, "Actas", p. 194. Jeanne Alexandre, *Rencontre de Simone Weil et d'Alain.*
21. *Íd., ibíd.*, p. 192.
22. Olivier Reboul, *L'Homme et ses passions d'après Alain*, Tomo II, "La Sagesse" (*El hombre y sus pasiones según A.*, "La sabiduría"), Túnez, Presses Universitaires de France, 1968, p. 198.
23. ALAIN, "Actes", *loc. cit.*, p. 193.
24. *Íd., ibíd.*, p. 190-191.
25. *Íd., ibíd.*, p. 190.

26. *Íd., ibíd.*, p. 186.
27. *Íd., ibíd.*, p. 190.
28. *Íd., ibíd.*, p. 190.
29. Alain, "Actas". Anette Baslaw, *Alain et l'enseignement*, p. 33.
30. *Íd., ibíd.*, p. 33.
31. *Íd., ibíd.*, p. 33.
32. *Íd., ibíd.*, p. 41.
33. *Íd., ibíd.*, p. 40.
34. Olivier Reboul, *op. cit.*, p. 152.
35. *Íd., ibíd.*, p. 153.
36. *Íd., ibíd.*, p. 154.
37. Alain, "Actas". Anette Baslaw, *op. cit.*, p. 37.
38. *Íd., ibíd.*, p. 38.
39. Olivier Reboul, *op. cit.*, p. 260.
40. Alain, "Actas". Anette Baslaw, *op. cit.*, p. 37.
41. *Íd., ibíd.*, p. 43.
42. Olivier Reboul, *op. cit.*, p. 71-72.
43. Pétrement I, p. 78.
44. Alain, "Actas". Jeanne Alexandre, *op. cit.*, p. 194.
45. *Íd., ibíd.*, p. 193-194.
46. Testimonio de Adèle Dubreuil a la autora. Adèle Dubreuil fue empleada de servicio en casa de los Weil a partir de 1930. No obstante, su primer recuerdo de Simone se remonta a 1920, cuando Simone tenía once años.
47. Pétrement I, p. 58. Testimonio de Suzanne Aron-Gauchon.
48. *AdD*, p. 73. Carta VI (Casablanca, 26 de mayo de 1942).
49. Pétrement I, p. 84.
50. Pétrement I, p. 74.
51. *Íd., ibíd.*
52. Pétrement I, p. 130, según *Pensées d'avenir* – Revue des vivants, septiembre de 1928.
53. André Sernin, *Alain, un sage dans la cité*, col. Biographies sans masque, París, Laffont 1985, p. 158.
54. Pétrement I, p. 118.
55. Pétrement I, p. 86-88.
56. Pétrement I, p. 82.

57. Pétrement I, p. 144.
58. Pétrement I, p. 142-143.
59. Pétrement I, p. 144.
60. Weil S., "De la perception ou l'autre aventure de Protée" ("La percepción o la otra aventura de Proteo"), en *Libres propos*, nueva serie, año 3, n° 5, Nîmes, 20 de mayo de 1929.
61. Pétrement I, p. 145.

Capítulo III

1. *CI*, p. 17.
2. *CO*, p. 34.
3. *CI*, p. 13.
4. *Íd., ibíd.* (En mayúsculas en el texto weiliano.)
5. *CI*, p. 69.
6. En "Le Temps" (El tiempo), en "Libres propos", n° 8, Nîmes, 20 de agosto de 1929, p. 389.
7. Pétrement I, p. 126.
8. Simone Weil, *Sur la science* (Sobre la ciencia), col. Espoir, París, Gallimard 1966, p. 109. Carta a sus camaradas: "L'enseignement des mathématiques" (La enseñanza de las matemáticas) (1932).
9. *Íd., ibíd.*, p. 107.
10. *CO*, p. 33. Carta a una alumna (1934).
11. Pétrement I, p. 413.
12. Pétrement I, p. 260.
13. *OL*, p. 20. "Perspectives. Allons-nous vers la révolution prolétarienne?" ("Perspectivas. ¿Vamos hacia la revolución proletaria?") (1933). Este artículo apareció en *Révolution prolétarienne*, n° 158, 25 de agosto de 1933.
14. *OL*, p. 67. *Réflexions sur les causes de la liberté et de l'oppression sociale* (*Reflexiones sobre las causas de la libertad y de la opresión social*) (1934). Este ensayo, tan admirado por Alain, nunca apareció en vida de Simone Weil.
15. *OL*, p. 78. *Ídem*.
16. *OL*, p. 79. *Ídem*.

17. *OL*, p. 90. *Ídem*.
18. *OL*, p. 91. *Ídem*.
19. *OL*, p. 93. *Ídem*.
20. Adriano Marchetti, *Simone WEIL - La critica disvelante* (*Simone Weil - La crítica reveladora*), Bologna, C.L.U.E.B., 1983. Prefacio de André A. Devaux, p. 97.
21. *OL*, p. 95. *Réflexions sur les causes de la liberté et de l'oppression sociale* (1934).
22. *OL*, p. 112. *Ídem*.
23. *OL*, p. 142. *Ídem*.
24. Adriano Marchetti, *op. cit.*, p. 105.
25. *OL*, p. 130. *Réflexions sur les causes de la liberté et de l'oppression sociale* (1934).
26. *OL*, p. 162. *Ídem*.
27. *CO*, p. 23. Tres cartas a Mme. Albertine Thévenon-II (1934-1935).
28. Pétrement I, p. 401.
29. *CO*, p. 20. Tres cartas...-I.
30. *OL*, p. 218. Fragmentos, Londres, 1943.
31. *CI*, p. 71.
32. *CI*, p. 19-20.
33. Ms. cit. en Miklos Vetö, *La Métaphysique religieuse de Simone Weil* (*La metafísica religiosa de S. W.*), col. Bibliothèque d'histoire de la philosophie, París, Vrin, 1971, p. 105.
34. *CO*, p. 168. Fragmentos (páginas escritas durante el año en la fábrica, 1934-1935, y al año siguiente).
35. *CO*, p. 226, 227, 228. "La vie et la grève des ouvriers métallos (sur le tas)" ("La vida y la huelga de los obreros metalúrgicos (en el taller)"). Este artículo apareció primero con el seudónimo de Simone Galois en la *Révolution prolétarienne* del 10 de junio de 1936 y en los *Cahiers de "Terre libre"* del 15 de julio de 1936.
36. *CO*, p. 188. Cartas a un ingeniero director de fábrica (Bourges, 3 de marzo de 1936).
37. *CO*, p. 189. *Íd., ibíd.*
38. *CO*, p. 170. *Íd.,* (Bourges, 13 de enero de 1936).
39. *CO*, p. 196. *Íd.,* (Bourges, 16 de marzo de 1936).
40. *CS*, p. 165.

Capítulo IV

1. *CI*, p. 19.
2. *CO*, p. 196. Carta a un ingeniero director de fábrica (Bourges, 16 de marzo de 1936).
3. *EHP*, p. 233. "Réflexions sur la guerre" (1933). Este artículo apareció primero en *La Critique sociale*, n° 10, noviembre de 1933.
4. *OL*, p. 94, *Réflexions sur les causes de la liberté et de l'oppression sociale* (1934).
5. *OL*, p. 30, 29. *Perspectives. Allons-nous vers la révolution prolétarienne?* (1933).
6. *EHP*, p. 406. *Méditation sur un cadavre* ("Meditación sobre un cadáver"), (Variante) (1937).
7. *EHP*, p. 155. *La situation en Allemagne* (*La situación en Alemania*) (1932-1933). Este estudio apareció primero subdividido en diez artículos en *L'École émancipée*.
8. *EHP*, p. 12, 13, 14. *Quelques réflexions sur les origines de l'hitlérisme* (*Algunas reflexiones sobre los orígenes del hitlerismo*) I. - Permanencia y cambio de los caracteres nacionales del hitlerismo (1940). La segunda parte de este estudio: *Hitler y la política exterior de la antigua Roma*, fue publicada en los *Nouveaux Cahiers* (n° 53, 1° de enero de 1940). La 3ª, ya impresa en pruebas de galera, fue prohibida por la censura.
9. *EHP*, p. 18. *Ídem.*
10. *EHP*, p. 15. *Ídem.*
11. *EHP*, p. 16, *Ídem.*
12. *E*, p. 280.
13. *EHP*, p. 24. *Loc. cit.*
14. *CSW*, Tomo III, n° 1, marzo de 1980, p. 15. Simone Fraisse, "Simone Weil contre les Romains" ("S. W. contra los romanos").
15. *CSW, íd., ibíd.*, p. 18.
16. *EHP*, p. 23. *Loc. cit.*
17. *EHP*, p. 51. *Loc. cit.*
18. *E*, p. 293.
19. *OL*, p. 84. *Réflexions sur les causes de la liberté et de l'oppression sociale* (1934).

20. *OL*, p. 162.

21. *EHP*, p. 256. "Ne recommençons pas la guerre de Troie (Pouvoir des mots)" ("No empecemos de nuevo la guerra de Troya (El poder de las palabras)"). Este artículo apareció primero en los *Nouveaux Cahiers*, año 1, n° 2-3, 1°-15 de abril de 1937.

22. *EHP*, p. 64. *Réflexions sur la barbarie (fragments)*. (¿1939?)

23. *EHP*, p. 64. *Íd., ibíd.*

24. *EHP*, p. 221. Carta a Georges Bernanos (¿1938?). Según el testimonio que le diera su hijo Jean-Loup a la autora, Bernanos llevaba siempre consigo esta carta.

25. *EHP*, p. 223. *Íd., ibíd.*

26. *EHP*, p. 258-259. "Ne recommençons pas la guerre...", cit.

27. *EHP*, p. 269. *Íd., ibíd.*

28. *EHP*, p. 271. *Íd., ibíd.*

29. *P*, p. 45. Notas sobre V. S.

30. En "Cinque lettere a uno studente e una lettera a Bernanos", en *Nuovi Argomenti*, Roma, n° 2, mayo-junio de 1953, p. 99. Esta carta está fechada, París, 1937.

31. Pétrement II, p. 273.

32. Según una entrevista, en Madeleine Chapsal, *Les Écrivains en personne* (*Los escritores en persona*), París, Union Générale d'Éditions, 1973, p. 272.

33. *CI*, p. 141.

34. *CI*, p. 189. En itálicas en el texto weiliano.

35. *P*, p. 45. Notas sobre V. S.

36. *P*, p. 53. Notas sobre V. S.

37. Andrée Mansau, "Venise sauvée, Simone Weil, auteur de théâtre" ("Venecia salvada, S. W., autora teatral"), en *Bulletin* n° 7, Association pour l'étude de la pensée de Simone Weil, 1977. Se trata de un estudio sobre los manuscritos weilianos de esta pieza; en este caso, la anotación está en la primera redacción manuscrita.

38. *P*, p. 46. Notas sobre *V. S.*

39. *P*, p. 45. Notas sobre *V. S.*

40. *EHP*, p. 54. *Quelques réflexions sur les origines de l'hitlérisme - Conclusión*. Cit.

41. *P*, p. 71. *V. S.*, Acto II, Escena IV.

42. *P*, p. 49. Notas sobre *V. S.*
43. *P*, p. 73. *V. S.*, Acto II, Escena VI.
44. *P*, p. 47. Notas sobre *V. S.*
45. *P*, p. 95. *V. S.*, Acto II, Escena XVI.
46. *P*, p. 74, 76, 78. *V. S.*, Acto II, Escena VI.
47. *P*, p. 46. Notas sobre *V. S.*
48. *P*, p. 48. Notas sobre *V. S.*
49. *E*, p. 218.
50. Pétrement I, p. 402.
51. *OL*, p. 192. "Meditación sobre la obediencia y la libertad".
52. *OL, id., ibíd.*
53. Pétrement I, p. 82.
54. *P*, p. 52. Notas sobre *V. S.*
55. *P*, p. 46. Notas sobre *V. S.*
56. V. S., edición italiana: *Venezia salva*, trad. e introd. de Cristina Campo, Brescia, Morcelliana, 1963. En particular, se trata de la introducción de Cristina Campo, p. 14.
57. *P*, p. 50. Notas sobre *V. S.*
58. *P*, p. 55. *V. S.*, Acto I, Escena I.
59. Fragmento de carta a B. (¿Boris Souvarine?), que se halla entre las páginas de la primera redacción manuscrita sobre Jaffier. V. Andrée Mansau, *Venise sauvée...*, cit.
60. *P*, p. 46. Notas sobre *V. S.*
61. *P*, p. 78. *V. S.*, Acto II, Escena VI.
62. Carta a Maurice Schumann - anexo (Nueva York, 30 de julio de 1942); en *EdL*, p. 193.

Capítulo V

1. Alain, "Actas", p. 34. Anette Baslaw, *Alain et l'enseignement.*
2. *OL*, p. 113. *Réflexions sur les causes de la liberté et de l'oppression sociale* (1934).
3. *P*, p. 45-46. Notas sobre *V. S.*. Las itálicas son mías.
4. *CI*, p. 264.
5. Pétrement II, p. 133.

6. *AdD*, p. 45. Carta IV - Autobiografía espiritual (De Marsella, 15 de mayo aproximadamente [1942]).

7. *AdD*, p. 43. *Ídem*.

8. *PsO*, p. 81. Carta a Joë Bousquet (12 de mayo de 1942).

9. Testimonio de Jean Tortel a la autora.

10. Karl Epting, "Lo bello", en AA. VV., *Simone Weil, philosophe, historienne et mystique* (*S. W., filósofa, historiadora y mística*), col. Présence et pensée, París, Aubier-Montaigne 1978, p. 245. Comunicaciones compiladas por Gilbert Kahn, Association pour l'étude de la pensée de Simone Weil. Publicado con el auspicio de la Fundación europea de la cultura. La mayoría de los textos provienen del coloquio "Vigueur d'Alain, rigueur de Simone Weil" (Vigor de A., rigor de S. W.), que se llevó a cabo en el Centro cultural internacional de Cerisy-la-Salle entre el 21 de julio y el 1º de agosto de 1974.

11. *OL*, p. 217. "Fragmentos – Londres, 1943".

12. *CI*, p. 132.

13. Según Simone Weil, "Essai sur la notion de lecture" ("Ensayo sobre la noción de lectura"), publicado en la revista *Les Études philosophiques*, París, P.U.F., enero-marzo de 1946, p. 13. Cit. en Béatrice-Clémentine Farron-Landry, *Lecture et non-lecture chez Simone Weil* (*Lectura y no-lectura en S. W.*), en *CSW*, Tomo III, nº 4, diciembre de 1980, p. 226.

14. *CII*, p. 135.

15. *CII*, p. 130.

16. *CII*, p. 134-135.

17. *CI*, p. 132. Itálicas en el texto weiliano.

18. *CI*, p. 129-130.

19. *CI*, p. 166.

20. *CI*, p. 192. Itálicas en el texto weiliano.

21. *CI*, p. 192.

22. *CI*, p. 156. Itálicas en el texto weiliano.

23. *CI*, p. 155.

24. *CI*, p. 151. Itálicas en el texto weiliano.

25. *CI*, p. 225.

26. *CI*, p. 132.

27. *CI*, p. 155.

28. *CI*, p. 225.

29. *CI*, p. 174.
30. *CII*, p. 189. Itálicas en el texto weiliano.
31. *CI*, p. 159.
32. *CI*, p. 137. La frase en itálica está en el texto weiliano.
33. *CI*, p. 178.
34. *CSW*, Tomo III, nº 4, p. 228. *Loc. cit.,* con cit. de "Essai sur la notion de lecture", cit., p. 19.
35. *CI*, p. 178.
36. *CI*, p. 179.
37. *CI*, p. 179.
38. *CI*, p. 192.
39. *CI*, p. 212.
40. *CI*, p. 212.
41. *CI*, p. 225.
42. *CI*, p. 171. Itálicas en el texto weiliano.
43. *CI*, p. 174. Itálicas en el texto weiliano.
44. *CII*, p. 216.
45. *CI*, p. 225.

Capítulo VI

1. *EdL*, p. 74. *Études pour une déclaration des obligations envers l'être humain – Profession de foi* (Estudios para una declaración de las obligaciones hacia el ser humano - Profesión de fe) [1943].
2. *AdD*, p. 75. Carta VI - 26 de mayo de 1942 (de Casablanca).
3. *AdD*, p. 37. Carta IV - Autobiografía espiritual (De Marsella, 15 de mayo aproximadamente [1942]).
4. *EdL*, p. 213. Carta a Maurice Schumann – Londres (sin fecha).
5. *AdD*, p. 37. Carta IV, cit.
6. *CI*, p. 171. Ref. exacta "porque no se puede obrar de otro modo", un concepto que reaparece también en la forma citada.
7. *AdD*, p. 37. Carta IV, cit.
8. *AdD*, p. 45. *Ídem.*
9. *AdD*, p. 36. *Ídem.*
10. *AdD*, p. 40-41. *Ídem.*

11. *AdD*, p. 43, 44, 45. *Ídem*.
12. *CII*, p. 216.
13. *AdD*, p. 46. Carta IV, cit.
14. *AdD*, p. 69. Carta IV, cit.
15. *AdD*, p. 71. *Ídem*.
16. *CII*, p. 134.
17. *CII*, p. 211.
18. *AdD*, p. 73. Carta IV, cit.
19. *CO*, p. 23. Tres cartas a Mme. Albertine Thévenon (II).
20. *CI*, p. 143.
21. *CI*, p. 19.
22. *CI*, p. 14.
23. *CI*, p. 72. Itálicas en el texto weiliano.
24. *CI*, p. 20.
25. *AdD*, p. 96. Ensayo, "Réflexions sur le bon usage des études scolaires en vue de l'amour de Dieu" ("Reflexiones sobre el buen uso de los estudios escolares con miras al amor a Dios").
26. *Leçons de philosophie* (Lecciones de filosofía) (Roanne 1933-1934) por Simone Weil, transcriptas y presentadas por Anne Reynaud-Guérithault, col. 10/18, París, UGD 1970 (1ª ed. Librairie Plon, 1959), p. 250.
27. *AdD*, p. 85. "Réflexions sur le bon usage..."; cit.
28. Marguerite Léna, "Deux témoins du bon usage des études scolaires en vue de l'amour de Dieu: Simone Weil et Madeleine Daniélou", en *CSW*, tomo II, n° 2, junio de 1979, p. 62.
29. *AdD*, p. 85. "Réflexions sur le bon usage..."; cit.
30. *AdD*, p. 87. *Ídem*.
31. *AdD*, p. 88. *Ídem*.
32. *AdD*, p. 86. *Ídem*.
33. *AdD*, p. 87. *Ídem*.
34. *AdD*, p. 87. *Ídem*.
35. *AdD*, p. 92. *Ídem*.
36. *CI*, p. 13.
37. *AdD*, p. 90-91. *Réflexions sur le bon usage...*; cit.
38. *AdD*, p. 91. *Ídem*.
39. *AdD*, p. 92-93. *Ídem*.

40. *AdD*, p. 88. *Ídem*.
41. *AdD*, p. 93. *Ídem*.
42. *AdD*, p. 94-95. *Ídem*.
43. *AdD*, p. 41-42. Carta IV - Autobiografía espiritual (De Marsella, 15 de mayo aproximadamente [1942]).
44. *AdD*, p. 101-102. Ensayo, "L'Amour de Dieu et le Malheur" ("El amor a Dios y la desgracia").
45. *AdD*, p. 107-108. *Ídem*.
46. *AdD*, p. 101. *Ídem*.
47. *AdD*, p. 101. *Ídem*.
48. *CO*, p. 144. "Journal d'usine" ("Diario de fábrica").
49. *AdD*, p. 103. "L'amour de Dieu et..."; cit.
50. *AdD*, p. 106. *Ídem*.
51. *AdD*, p. 106. *Ídem*.
52. *AdD*, p. 120. *Ídem*.
53. *AdD*, p. 121. *Ídem*.
54. *AdD*, p. 121. *Ídem*.
55. *AdD*, p. 120. Ensayo - "Formes de l'amour implicite de Dieu" ("Formas del amor implícito a Dios").
56. *AdD*, p. 123. *Ídem*.
57. *AdD*, p. 124. "Formes de l'amour implicite de Dieu - L'amour du prochain" ("El amor al prójimo").
58. *AdD*, p. 129. *Ídem*.
59. *AdD*, p. 130. *Ídem*.
60. *AdD*, p. 130. *Ídem*. Las itálicas son mías.
61. *AdD*, p. 132. *Ídem*.
62. *AdD*, p. 135. *Ídem*.
63. *CI*, p. 223.
64. *AdD*, p. 148. "Formes de l'amour implicite de Dieu - Amour de l'ordre du monde" ("Amor al orden del mundo").
65. *AdD*, p. 154. *Ídem*.
66. *AdD*, p. 152. *Ídem*.
67. *AdD*, p. 163. *Ídem*.
68. *AdD*, p. 158. *Ídem*.
69. *AdD*, p. 149. *Ídem*.
70. *AdD*, p. 171. *Ídem*.

71. *AdD*, p. 172. *Ídem.*
72. *AdD*, p. 176. "Formes de l'amour implicite de Dieu - Amour des pratiques religieuses" ("Amor a las prácticas religiosas").
73. *AdD*, p. 177. *Ídem.*
74. *AdD*, p. 177. *Ídem.*
75. *AdD*, p. 179. *Ídem.*
76. *AdD*, p. 180. *Ídem.*
77. *AdD*, p. 184. *Ídem.*
78. *AdD*, p. 184. *Ídem.*
79. *AdD*, p. 185. "Formes de l'amour implicite de Dieu - Amour des pratiques religieuses"
80. *AdD*, p. 187. *Ídem.*
81. *AdD*, p. 53-54. Carta IV – Autobiografía espiritual (De Marsella, 15 de mayo aproximadamente [1942]).
82. *AdD*, p. 198. "Formes de l'amour implicite de Dieu - Amitié" ("Amistad").
83. *AdD*, p. 198. *Ídem.*
84. *AdD*, p. 202. *Ídem.*
85. *AdD*, p. 205. "Formes de l'amour implicite de Dieu - Amour implicite et amour explicite" ("Amor implícito y amor explícito").
86. *AdD*, p. 208. *Ídem.*
87. *AdD*, p. 209. *Ídem.*
88. *AdD*, p. 210. *Ídem.*
89. *AdD*, p. 211-212. *Ídem.*
90. *AdD*, p. 214. *Ídem.*
91. *AdD*, p. 214. *Ídem.*

Capítulo VII

1. *AdD*, p. 37. Carta IV – Autobiografía espiritual (De Marsella, 15 de mayo aproximadamente [1942]).
2. *CI*, p. 213.
3. Testimonio de Jean Tortel a la autora.
4. Maurice Scève, *Oeuvres complètes*, texto establecido y anotado por Pascal Quignard, París, *Mercure de France*, 1974, p. 196.

5. Georges Bataille, *Le Bleu du ciel* (*El azul del cielo*), París, Pauvert 1979, p. 41.
6. *Íd., ibíd.*, p. 64.
7. *Íd., ibíd.*, p. 64.
8. *Íd., ibíd.*, p. 41.
9. Pétrement I, p. 422.
10. Pétrement I, p. 425.
11. *CII*, p. 118.
12. San Juan de la Cruz, *Oeuvres complètes*, col. Bibliothèque Européenne, París, Desclée de Brouwer, 1979, p. 117.
13. *CI*, p. 175.
14. *CI*, p. 175-176, passim.
15. San Juan De La Cruz, *op. cit.*, p. 118.
16. *CI*, p. 137. Itálicas en el texto weiliano.
17. *CI*, p. 137. Itálicas en el texto weiliano.
18. *CI*, p. 137.
19. *CI*, p. 220.
20. *CI*, p. 171.
21. *CI*, p. 170.
22. *AdD*, p. 107. Ensayo, "L'Amour de Dieu et le Malheur".
23. *CII*, p. 264.
24. *CII*, p. 173.
25. *CII*, p. 300.
26. *CII*, p. 173.
27. *CII*, p. 300-301.
28. *CII*, p. 276.
29. *CII*, p. 277.
30. *E*, p. 217.
31. *E*, p. 218-219.
32. *CI*, p. 137.
33. *CII*, p. 243.
34. *CII*, p. 244.
35. *AdD*, p. 112. Ensayo, "L'Amour de Dieu et le Malheur".
36. *CI*, p. 102.
37. *CI*, p. 102.
38. *CI*, p. 102. Itálicas en el texto weiliano.

39. *CI*, p. 258.
40. *CII*, p. 192.
41. *CI*, p. 230.
42. *EdL*, p. 213. Carta a Maurice Schumann (Londres, sin fecha).
43. *CI*, p. 227.
44. *AdD*, p. 145. Ensayo, "Formes de l'amour implicite de Dieu - L'amour du prochain".
45. *AdD*, p. 130. *Íd., ibíd.*
46. *CS*, p. 302.
47. *CI*, p. 228.
48. Pétrement I, p. 391.
49. *CI*, p. 144-145. Itálicas en el texto weiliano.
50. Pétrement II, p. 220.
51. *CII*, p. 276.
52. *CII*, p. 275.
53. *AdD*, p. 210. Ensayo, "Formes de l'amour implicite de Dieu - Amour implicite et amour explicite".
54. *PsO*, p. 11-12. Poema, "La Porte" ("La puerta").

Capítulo VIII

1. *CI*, p. 34. Itálicas en el texto weiliano.
2. *OL*, p. 136. *Réflexions sur les causes de la liberté et de l'oppression sociale* (1934).
3. *CI*, p. 136. Itálicas en el texto weiliano.
4. *CI*, p. 77.
5. *CI*, p. 36. Itálicas en el texto weiliano.
6. *CI*, p. 36 y 37.
7. *CI*, p. 32. Itálicas en el texto weiliano.
8. *CI*, p. 71.
9. *CI*, p. 26. Itálicas en el texto weiliano.
10. *CI*, p. 61.
11. *CI*, p. 76. Itálicas en el texto weiliano.
12. *CI*, *ibíd.*
13. *CI*, p. 14.

14. *CI*, p. 38-39.
15. *CO*, p. 116. "Diario de fábrica".
16. *CI*, p. 62.
17. *CI*, p. 13.
18. *CO*, p. 34. "Carta a una alumna" (1934). Se trata de "Simone Pascal, luego convertida en Mme. Gibert, que había asistido a los cursos de griego antiguo de cuarto año dictados por Simone Weil en Le Puy para completar su programa de clases incompleto de filosofía". Testimonio de Jacques Courriol a la autora.
19. Pétrement II, p. 11. Cit. Simone Weil, "Texto de meditación sobre sí misma". Ese texto autobiográfico (fechado probablemente en primavera/verano de 1934), que no está en la edición Plon de los *Cahiers*, fue publicado por Simone Pétrement en su biografía, vol. II, p. 11-14. Se insertó como anexo en el primer cuaderno en la edición italiana, *Quaderni* (ed. Giancarlo Gaeta).
20. *CI*, p. 28. Las mayúsculas figuran en el texto weiliano.
21. *CI*, p. 77.
22. *CI*, p. 65.
23. *CI*, p. 65. Itálicas en el texto weiliano.
24. *E*, p. 80-81. Segunda parte: *El desarraigo*.
25. *E*, p. 83. *Ídem.*
26. *E*, p. 104. *Ídem.*
27. *CI*, p. 70.
28. *CI*, p. 243. Itálicas en el texto weiliano.
29. *CI*, p. 221.
30. *CI*, p. 223. Itálicas en el texto weiliano.
31. *CI*, p. 244.
32. *CI*, p. 243.
33. *CI*, p. 244.
34. *CII*, p. 313.
35. *CI*, p. 249. Itálicas en el texto weiliano.
36. *CI*, p. 254. Itálicas en el texto weiliano.
37. *CII*, p. 264.
38. *CI*, p. 253. Itálicas en el texto weiliano.
39. *CI, ibíd.*
40. *CI*, p. 254.

41. *CI*, p. 87.
42. *CI*, p. 254. Itálicas y mayúsculas en el texto weiliano.
43. *CI*, p. 254.
44. *CI*, p. 243.
45. *CI*, p. 254.
46. *CI*, p. 255. Itálicas en el texto weiliano.
47. *CI*, p. 255. Itálicas y mayúsculas están en el texto weiliano.
48. *E*, p. 240. Tercera parte: *El arraigo*.
49. *E*, p. 252. *Ídem*.
50. *E*, p. 250. *Ídem*.
51. *E*, p. 241. *Ídem*.
52. *E*, p. 254. *Ídem*.
53. *CII*, p. 111. Itálicas y mayúsculas en el texto weiliano.
54. *CI*, p. 240.
55. *CI*, p. 240.
56. *CI, ibíd.*
57. *CII*, p. 263.
58. *CI*, p. 157.
59. *CII*, p. 290.
60. *CI*, p. 252.
61. *CI*, p. 267.
62. *CI*, p. 268.
63. *CI*, p. 223.
64. *CII*, p. 264.
65. *CII*, p. 275.
66. *CII*, p. 264.
67. *CII*, p. 264.
68. *CII*, p. 270.
69. *CI*, p. 246.
70. *CI*, p. 249. Itálicas en el texto weiliano.
71. *CIII*, p. 112.
72. *CIII*, p. 199.
73. *CS*, p. 244.
74. *CIII*, p. 199.
75. *CII*, p. 226.
76. *CII*, p. 243.

77. *PsO*, p. 135. "Teoría de los sacramentos".
78. *PsO*, p. 136. *Ídem.*
79. *PsO*, p. 137. *Ídem.*
80. *PsO*, p. 138. *Ídem.*
81. *PsO, ibíd.*
82. *CII*, p. 230.
83. *CII*, p. 275.
84. *CII*, p. 264.
85. *CII*, p. 249.
86. *E*, p. 336. Tercera parte: *El arraigo.*
87. *CS*, p. 233.
88. *CS*, p. 44 y 43.
89. *CII*, p. 305.
90. *CII*, p. 306.

Capítulo IX

1. En Maurice Blanchot, *L'Espace littéraire* (*El espacio literario*), col. Idées, París, Gallimard 1968, cit. p. 161-162, nota 1.
2. *EdL*, p. 250. Carta a sus padres (18 de julio de 1943).
3. *EdL*, p. 256. Carta a sus padres (4 de agosto de 1943). Se trata de la anteúltima carta de su vida.
4. *EdL*, p. 251. Carta a sus padres (18 de julio de 1943).
5. *EdL*, p. 250. *Ídem.*
6. *EdL*, p. 251. *Ídem.*
7. *EdL*, p. 255. Carta a sus padres (4 de agosto de 1943).
8. *EdL*, p. 256. *Ídem.*
9. *EdL*, p. 202. Carta a Maurice Schumann (Londres, sin fecha). Ella escribe exactamente: "Nací dotada con facultades intelectuales mediocres".
10. Carta del 26 de julio de 1943 a Francis Louis Closon. Cit. en Pétrement II, p. 507.
11. *EdL*, p. 256. Carta a sus padres (4 de agosto de 1943).
12. *EdL*, p. 74. "Estudio para una declaración de las obligaciones hacia el ser humano - Profesión de fe".

13. Yves Albert Dauge, "Entretiens sous le figuier ou Initiation à l'ésotérisme" ("Conversaciones bajo la higuera o Iniciación al esoterismo"), en *Épignosis* - Órgano del grupo de investigaciones de antropología creacional, Primer año, n° 11, 1er. Cuaderno, oct. 1983 (G.R.A.C. y Universidad de Perpignan), p. 11.

14. Yves Albert Dauge, Documento de trabajo sobre "La complementariedad masculino-femenino en el esoterismo", en *Épignosis* IV, 1º de noviembre de 1984, p. 86.

15. Pétrement I, p. 21.

16. Testimonio de la hermana Lucie Rouxel ("en el liceo Fénelon, en París V, éramos alumnas del mismo año, ella tenía dos años menos, en el A, y yo estaba en el B"), en *CSW*, Tomo II, n° 2, junio de 1979, p. 56.

17. Pétrement I, p. 164.

18. Testimonio de Mme. Naudet de Tarbes en *Liens*, la revista del Club francés del Libro (8º año, nueva serie, 14 de junio de 1954, p. 2). Cit. en Pétrement I, p. 165. Simone Weil "practicaba deporte en la organización 'Femina-sport', en el estadio Elisabeth (Puerta de Orléans) y en el parque Saint-Maur". (*Ibíd.*)

19. Cit. em Pétrement I, p. 46.

20. Pétrement I, p. 46.

21. Pétrement I, p. 70.

22. Pétrement I, p. 58.

23. Cit. en Pétrement I, p. 119.

24. *CI*, p. 18.

25. *P*, p. 48. Notas sobre *V. S.*

26. *V. S.* en *P*, p. 133. Acto III, Escena IV.

27. *Íd., ibíd.*, p. 133-134.

28. *CII*, p. 286.

29. En Simone Weil, *Intuitions pré-chrétiennes* (*Intuiciones precristianas*), París, La Colombe-Éditions du Vieux Colombier 1951, p. 19.

30. *CS*, p. 233.

31. *CII*, p. 225.

32. *AdD*, p. 44 y 41. Carta IV – Autobiografía espiritual (De Marsella, 15 de mayo aproximadamente [1942]).

33. *CS*, p. 9.
34. *CII*, p. 235.
35. *CII*, p. 173.
36. *EdL*, p. 203. Carta a Maurice Schumann (Londres, sin fecha).
37. *EdL*, p. 197. Carta a Maurice Schumann (Nueva York, 30 de julio de 1942). Es la segunda carta, fechada en el mismo día, que Simone le envió a Schumann aprovechando "la oferta del capitán M.-F." (Mendès-France) de transmitírsela. V. Pétrement II, p. 428.
38. *EdL*, p. 186. Carta a Maurice Schumann (Nueva York, 30 de julio de 1942). Esta primera carta fue enviada por correo; Simone le había adjuntado su "proyecto de formación de enfermeras de la primera línea de combate".
39. *EdL*, p. 199. Carta a Maurice Schumann (Nueva York, sin fecha).
40. *EdL*, p. 200. *Ídem.*
41. *AdD*, p. 19. Carta I (19 de enero de 1942).
42. *CI*, p. 192. V. Capítulo 5, nota 21.
43. Simone Weil, *Intuitions pré-chrétiennes*, cit. - Nota de los editores.
44. *Ídem.*, p. 25.
45. Testimonio del padre Joseph-Marie Perrin, en *CSW*, Tomo I, n° 1, junio de 1978, p. 6. Se trata de "Mon dialogue avec Simone Weil" ("Mi diálogo con S. W."), transcripción literaria de Jean-Baptiste Ajaccio, a partir de la exposición oral hecha por el P. Perrin en el coloquio de Sainte-Baume, el 28 de mayo de 1977, y grabado en cinta.
46. *AdD*, p. 47. Carta IV, cit.
47. *CS*, p. 165.
48. *CS*, p. 44.
49. *CS*, p. 177.
50. *CS*, p. 204-205.
51. *CS*, p. 205.
52. *CS*, p. 205.
53. *AdD*, p. 53 y 55. Carta IV, cit.
54. *AdD*, p. 58. *Ídem.*
55. *AdD*, p. 16. Carta I (19 de enero de 1942).
56. *AdD*, p. 60. Carta IV, cit.
57. *AdD*, p. 60. Carta IV, cit.

58. *EdL*, p. 191. Carta a Maurice Schumann (Nueva York, 30 de julio de 1942). V. nota 38.
59. *CS*, p. 165. La cita exacta es: "El fin de la vida humana es construir una arquitectura en el alma".
60. *AdL*, p. 59. Carta IV, cit.
61. *EdL*, p. 190. Carta a Maurice Schumann (Nueva York, 30 de julio de 1942). V. Nota 38.
62. *EdL*, p. 16. "La Personna et le Sacré" ("La Persona y lo Sagrado"). Este ensayo fue primero publicado en *La Table Ronde*, nº 36, diciembre de 1950, p. 9-33, bajo el título "La personalidad humana, lo justo y lo injusto".
63. *EdL*, p. 19. "La Personne et le Sacré", cit.
64. *EdL*, p. 20. *Ídem*.
65. *E*, p. 11. Primera parte: "Las necesidades del alma".
66. *EdL*, p. 151. "Fragmentos" y "Notas".
67. *EdL*, p. 169-170. *Ídem*.
68. *OL*, p. 84. *Réflexions sur les causes de la liberté et de l'oppression sociale* (1934).
69. *OL*, p. 162. *Ídem*.
70. *EdL*, p. 76. "Estudio para una declaración de las obligaciones hacia el ser humano - Profesión de fe".
71. *E*, p. 18. Primera parte: "Las necesidades del alma".
72. *E*, p. 276. Tercera parte: "El arraigo".
73. *EdL*, p. 84. "Estudio para una declaración de las obligaciones hacia el ser humano".
74. *E*, p. 13. Primera parte: "Las necesidades del alma".
75. *EdL*, p. 83. Estudio para una declaración de las obligaciones hacia el ser humano - Exposición de las obligaciones.
76. *E*, p. 30. Primera parte: "Las necesidades del alma".
77. *E*, p. 23. *Ídem*.
78. *EdL*, p. 82. "Estudio para una declaración de las obligaciones hacia el ser humano - Exposición de las obligaciones".
79. *E*, p. 35. Primera parte: "Las necesidades del alma".
80. *E*, p. 46. *Ídem*.
81. *EdL*, p. 82. "Estudio para una declaración de las obligaciones hacia el ser humano - Exposición de las obligaciones".

82. *EdL*, p. 83. *Ídem*.
83. *EdL*, p. 83. *Ídem*.
84. *E*, p. 33. Primera parte: "Las necesidades del alma".
85. *EdL*, p. 170. "Fragmentos" y "Notas". Las itálicas están en el texto weiliano.
86. *E*, p. 61. Segunda parte: "El desarraigo".
87. *E*, p. 61. *Ídem*.
88. *E*, p. 73. *Ídem*.
89. *E*, p. 77. *Ídem*.
90. *E*, p. 122. *Ídem*.
91. *E*, p. 124. *Ídem*.
92. *E*, p. 220. Segunda parte: "El desarraigo".
93. *E*, p. 221. *Ídem*.
94. *E*, p. 191. *Ídem*.
95. *E*, p. 288. Tercera parte: "El arraigo".
96. *E*, p. 295. *Ídem*.
97. *E*, p. 306. *Ídem*.
98. *E*, p. 326. *Ídem*.
99. *E*, p. 366. *Ídem*.
100. *E*, p. 334. *Ídem*.
101. *E*, p. 336. *Ídem*.

Capítulo X

1. H.-L. Finch, "L'Universalisme de Simone Weil" ("El universalismo de S. W.") (Comunicación en el coloquio de Princeton, mayo de 1981, organizado por la American Simone Weil Society), traducido al francés por Judith Gordon, en *CSW*, Tomo IV, n° 3, septiembre de 1983, p. 275.

2. *EdL*, p. 199. Carta a Maurice Schumann (Nueva York, sin fecha).

3. Francis-Louis Closon, *Le temps des passions: De Jean Moulin a la Libération 1943-1944* (*La época de las pasiones: De Jean Moulin a la Liberación 1943-1944*), París, Presses de la Cité, 1974, p. 32-33.

4. *AdD*, p. 46. Carta IV. Autobiografía espiritual (De Marsella, 15 de mayo aproximadamente [1942]).

5. *AdD*, p. 36. *Ídem*.
6. *AdD*, p. 36. *Ídem*.
7. *AdD*, p. 45. *Ídem*.
8. *EdL*, p. 198. Carta a Maurice Schumann (Nueva York, sin fecha).
9. *AdD*, p. 52-53. Carta IV, cit.
10. Miklos Vëto, *La Métaphysique religieuse de Simone Weil* (*La metafísica religiosa de S. W.*), col. Bibliothèque d'Histoire de la Philosophie, París, Vrin, 1971, p. 102.
11. *CS*, p. 223.
12. *CI*, p. 256. Las comillas son de la autora.
13. *CI*, p. 222.
14. *CI*, p. 165.
15. Simone WEIL, *Lettre à un religieux* (*Carta a un religioso*), col. Livre de Vie, París, Gallimard 1974 (1ª ed. 1951), p. 96. Se trata del apartado 6.
16. Pétrement II, p. 250.
17. *CII*, p. 124.
18. *CII*, p. 224.
19. *CII*, p. 314.
20. David Raper, "L'interprétation des traditions hindoues et bouddhiques chez Simone Weil" ("La interpretación de las tradiciones hindúes y budistas en S. W."), Asociación para el estudio del pensamiento de Simone Weil, en *Simone Weil philosophe, historienne et mystique* (comunicaciones compiladas por Gilbert Kahn), publicado con el auspicio de la Fundación europea de cultura, col. Présence et pensée, París, Aubier Montaigne 1978, p. 100.
21. *CIII*, p. III.
22. Déodat Roché, *Philosophie platonicienne des gnostiques, des manichéens et des cathares* (*Filosofía platónica de los gnósticos, los maniqueos y los cátaros*), cit. en Jean RIAUD, "Simone Weil y los cátaros", en *CSW*, Tomo VI, nº 2, junio de 1983, p. 107.
23. *EHP*, p. 76 y 79. "En quoi consiste l'inspiration occitanienne?" ("¿En qué consiste la inspiración occitana?" . Artículo que apareció primero en *Le Génie d'Oc et l'Homme méditerranéen*, nº especial de los *Cahiers du Sud*, febrero de 1943, con la firma de Émile Novis.

24. Pétrement II, p. 300.

25. Carta de Simone Weil a Déodat Roché (Viernes 21 de enero de 1941), en *CSW*, Tomo I, nº 3, diciembre de 1978, p. 3. Se trata de otra carta de Simone Weil a Déodat Roché, que antecede en dos días a la que fue recogida en *Pensées sans ordre concernant l'amour de Dieu* (*Pensamientos sin orden referidos al amor a Dios*), col. Espoir, París, Gallimard 1962, p. 63-67.

26. Testimonio de Aimé Patri a la autora.

27. *CII*, p. 115.

28. *E*, p. 329. Tercera parte: "El arraigo".

29. H.-L. Finch, *"L'Universalisme de Simone Weil"*, *loc. cit.*, p. 280.

30. *Íd., ibíd.*, p. 276.

31. *CIII*, p. 94-95.

32. *CS*, p. 233.

33. *CS*, p. 328.

34. *EdL*, p. 168. "Fragmentos" y "Notas".

35. *CS*, p. 14.

36. *EdL*, p. 168. "Fragmentos" y "Notas".

37. *CIII*, p. 109.

Datos biográficos

1909

3 de febrero. Nace en París Simone Adolphine Weil. Es la segunda hija (después de André, nacido en 1906) de Bernard Weil, médico, y Selma (Salomea) Reinherz. Bernard (Biri para su mujer y sus hijos), un judío de origen alsaciano que había optado por la nacionalidad francesa, era el único intelectual en una familia de comerciantes. Selma (Mime para su familia) había nacido en Rusia en el ambiente estimulante de una familia judía rica y cultivada, de origen galitziano. André dijo: "Mis padres vivían muy felices, sobre la base de una división de tareas. Mi padre, un excelente generalista, se dedicaba con todo su ser a su profesión, dejándole a mi madre el cuidado de la familia, en particular la supervisión de nuestros estudios". Dentro del clima agnóstico de la casa (el doctor Bernard, a diferencia de sus padres, se declaraba ateo; Selma no les había enseñado a sus hijos la diferencia entre judíos y gentiles), la generosidad y la ausencia de materialismo, al mismo tiempo que el aprecio por la inteligencia y el respeto por la cultura, servían de base para una nobleza moral y una gran apertura de ideas. Los vínculos afectivos eran muy fuertes. Los hábitos de vida, la elección de los lugares de veraneo, la atención hacia los deportes y la salud, se inspiraban en un moderno naturismo casi insólito en Francia: la montaña en verano e invierno, desde Auvergne hasta Suiza y Alemania, los viajes de excursión a pie, la bicicleta, el rugby, los cursos de danza.

1914-1918

El doctor Weil es movilizado como médico militar. La familia lo sigue a todas partes. Con su "ingenio práctico" (Pétrement I, p. 19), Selma hacía que los suyos vivieran en casas de provincia llenas de encanto, con grandes jardines (Mayenne, Chartres, Laval...). Los estudios de los dos niños son ante todo privados. Lo cual contribuye a hacerlos recorrer "rápidamente todas las etapas sin ser obstaculizados por la rutina" (André Weil) y acentúa su crecimiento un tanto aislado dentro de su propio mundo mágico. Selma Weil quiere dotar a sus hijos de las mismas fuerzas, tanto desde el punto de vista físico cuanto desde lo moral y lo intelectual. La evolución de Simone con ese apoyo, rodeada de tales posibilidades, se ve obstaculizada desde un principio por una salud precaria (ver capítulo IX), pero es auxiliada por la paciencia y la tenacidad, *signada* por la emulación ardiente de su hermano y por ciertos rasgos que le son propios, entre los cuales el principal sería *un instinto de igualdad*, en la base de su precoz sensibilidad social.

A causa de sus manos demasiado pequeñas e hinchadas por la mala circulación, en octubre de 1917, en un período en la escuela pública, escribe demasiado lentamente y siempre se atrasa con relación a sus compañeras. Siempre parece dudar de sí misma, lo que preocupa a su madre, sobre todo con relación a la tranquila seguridad de André, muy dotado en todos los ámbitos, y que a los ocho años empieza a estudiar geometría por sí solo y pronto es capaz de resolver problemas difíciles. A los diez años y medio André aprende griego, vinculando entre sí las palabras griegas de su diccionario de latín. Al mismo tiempo, estudia violín, canto y danza, convirtiéndose rápidamente en una "estrella", mientras que Simone es mediocre, sobre todo en las actividades de expresión corporal.

André, además, es su modelo. Tienen en común un lenguaje propio de ellos, rico en alusiones literarias, que los distingue de los otros niños. Son inagotables en la invención de parodias, juegos, poemas extravagantes. André le enseña a leer a Simone en un mes, como regalo de año nuevo para Biri, en 1915. La educación de ambos es la misma. "Yo hacía lo que podía para alentar en Simone no las gracias de la niñita, sino la rectitud del muchacho, aun cuando debiera parecerse a la brusquedad". (*Selma Weil*, Pétrement I, 67).

1919-1921

Simone ingresa en la escuela pública, el liceo Fénelon. Sus resultados son excelentes en letras y en matemáticas, pero muy malos en cartografía y dibujo. Tenía dos años menos que sus compañeros y parecía tener menos edad todavía. Sin embargo, ella "exaltaba" a la clase (*Mlle. Sapy*, Pétrement I, 46). Con un pequeño grupo de amigas que iban con frecuencia a su casa, funda una asociación: Los Caballeros de la Mesa Redonda. Las hace enderezar entuertos y ejercer la caridad. Simone escoge el papel de un tío del rey Arturo y su consejero permanente, y se adjudica la tarea de ayudar en sus estudios a una compañera menos dotada. Escribe un cuento en prosa poética, "Los duendes del fuego". Sus lecturas preferidas: los *Pensamientos* de Pascal, y Lamartine.

1922-1923

Crisis de depresión profunda en la que piensa seriamente en suicidarse (ver capítulo II). Hay dos causas contingentes de esa postración. En primer lugar, la carrera de André en sus estudios: se presenta a los dieciséis años en el examen de la École Normale Supérieure, en la sección de ciencias, y es admitido tras sólo un año de preparación y con un permiso especial debido a su edad. Y en segundo lugar, la influencia frustrante de una profesora, Mlle. P..., que empleaba con sus alumnos un método de crítica negativa. Su vocación de *aspiración a la verdad* se consolida para siempre (ver capítulo II).

1924-1925

En el liceo Victor-Dury, sigue las lecciones del filósofo Le Senne, que la consideró uno de los "cinco o seis alumnos más brillantes que haya encontrado en el curso de mi carrera". En cuanto al carácter, la definió como "apasionada", algo que indignó a Simone (Pétrement I, 57). Trabó amistad con Suzanne Gauchon, quien luego se casó con Raymond Aron, y con Edwige (Edi) Copeau, quien luego se haría benedictina. Fue en ese mismo año que Simone asistió con su madre a las sesiones de lectura que daba Jacques Copeau en el Vieux-Colombier. Estaba "entusiasmada y pensaba tal vez en hacer teatro" (Pétrement I, 59). Se apasiona por Walt Whitman y por Stendhal. Se recibió del bachillerato de filosofía en junio de 1925, entró en primero superior en Henri IV. Era la *cagne* (vagancia)* en la jerga de los estudiantes, donde se admitían chicas desde el año anterior.

1925-1928

Durante los tres años en el Henri IV, Simone asiste a los cursos del filósofo Émile Chartier (Alain), su único *maestro* en carne y hueso (ver capítulo II). Se dedica totalmente a la filosofía y descuida en parte los otros temas; en 1927, fracasa en el examen de admisión a la École, sobre todo debido a la nota en historia. Tenemos de la época, principalmente, las disertaciones libres (tópicos) hechas para Alain, actualmente inéditas. Entre los filósofos, prefiere a Descartes en primer lugar, a Platón, a Kant y a Spinoza, a quien admira por su coraje.

Traba amistad con Simone Pétrement, René Château, Jacques Ganuchaud y Pierre Letellier (hacia quien tal vez sintiera amor). Otra amiga venía de Poitiers: Camille Marcoux. Le gustaba el trabajo en común y reunía a sus camaradas en su casa alrededor de una mesa negra. El trío –Simone, Château, Ganuchaud– seguía discutiendo en los cafés hasta la una o las dos de la mañana. Por entonces, Simone empezó a fumar con intensidad. Manifiesta su compromiso político y social de manera concreta, colaborando en cursos de educación social para ferroviarios (a partir de 1927, ver capítulo II).

"Lanzaba el fardo de todas las responsabilidades sobre la clase burguesa, y en primer lugar sobre los intelectuales", observa Marcoux.

---

* Así se le dice a la clase preparatoria para el ingreso a la École Normale. (N. del T.)

"Sentía una admiración fanática por aquellos que son diferentes, separados, fuera de la ley." Alain escribió sobre ella en su *Diario* (inédito): "No tenía nada de nosotros... y nos juzgaba a todos soberanamente" (Pétrement I, 56). Ella adhiere a la imagen que su madre le propone al llamarla "Simon" y "Nuestro hijo n° 2" y firma sus cartas de esos años "Tu hijo respetuoso" (Pétrement I, 66).

1928-1931

En el mes de marzo de 1929, los Weil se mudan al número 3 de la calle Auguste Comte (donde se colocó una placa conmemorativa en 1988), detrás del jardín del Luxemburgo. Simone, que está inscripta en la École como externa, goza de una época de libertad y puede consagrarse a estudios personales de filosofía y de matemáticas. Sigue asistiendo a los cursos de Alain y enviándole disertaciones. Elabora *la noción de trabajo* como puente entre el sujeto y el mundo (ver capítulo II). Lo que también es el tema de los primeros artículos que publica en 1929 en la revista de Alain, *Libres propos*. Los títulos son: "La percepción, o la otra aventura de Proteo" y "El tiempo". En 1930, obtiene su diploma de estudios superiores con la exposición "Ciencia y percepción en Descartes". Basándose en el estudio profundo de Descartes en cuanto fundador de la ciencia moderna (primera parte, histórica), a través de una intensa meditación personal (segunda parte, que se inspira en una "fe vigorosa en la capacidad de todo ser humano para encontrar la verdad", Pétrement I, 153-154), muestra que en realidad, en Descartes, la racionalización del conocimiento de la naturaleza siempre toma en cuenta el aporte decisivo de la imaginación y de la percepción. El trabajo, "la acción verdadera, conforme a la geometría", es la única manera de unir en nosotros a los dos seres que somos, "el ser pasivo que sufre el mundo y el ser activo que se impone a éste" (exposición citada en *Sur la science* (*Sobre la ciencia*), y al mismo tiempo es el único medio para restablecer la igualdad entre los hombres, científicos y trabajadores. Tal es la línea rectora de su investigación: la unión entre teoría y práctica, entre pensamiento y acción, que proseguirá en política (unión intersindical, lucha contra el predominio de los intelectuales sobre los obreros), en su labor como profesora de filosofía y en su vida personal.

En el verano de 1929, repite la experiencia de trabajar en el campo (la primera vez había participado en 1927, en la propiedad de los Letellier en Normandía, copiando también los escritos de León Letellier, agricultor y filósofo), en lo de una tía natural, en el Jura. Les escribe a sus padres: "Trabajamos todos juntos. Si me encuentro bien es porque hice amistad con la gente del lugar. Los trabajos, las ferias, las fiestas sólo son ocasiones para mantener esa amistad compartiendo sus vidas" (Pétrement I, 149). En el verano de 1931, quiere participar en la vida de los pescadores, estudiar la relación entre la navegación y las estrellas, entre los gestos de los hombres y la resistencia de los elementos, entre el trabajo y la ganancia. Marcel Lecarpentier, guardián del faro de Réville y propietario de un bote pesquero, la acepta a bordo. Por el mal tiempo, ella le enseña francés y aritmética y lo seguirá haciendo en París, corrigiéndole sus deberes. Marcel Lecarpentier cuenta: "Ella quería conocer nuestra miseria, quería emancipar al obrero... Constantes dolores de cabeza. Una noche, tuve miedo. Por una gran tormenta, ella no quiso atarse; dijo: 'Marcel, siempre cumplí con mi deber y estoy lista para morir'... Simone vigilaba el trabajo a cuentagotas, controlaba el precio del pescado, calculaba el reparto... temía que yo me volviera un explotador y siempre me ponía en guardia contra ese peligro". Los dolores de cabeza habían empezado en el invierno de 1930; el diagnóstico se dará finalmente en 1939: sinusitis frontal larvada. El tratamiento –cocainización de los senos frontales– dará buenos resultados, pero se verá interrumpido por la guerra (testimonio del doctor Louis Bercher, médico de la marina y colaborador de *La Révolution prolétarienne*, amigo de los Weil, en *CSW*, t. IX, nº 1, marzo de 1986).

1931-1934

El 30 de septiembre de 1931, Simone llega a Le Puy, pequeña ciudad clerical y conservadora de la región de Haute-Loire, para desempeñar su primer puesto como profesora de filosofía –aun cuando había pedido por el contrario "un puerto o una ciudad industrial del Norte o del Centro" (Pétrement I, 179). Puede decirse que en esa fecha comienza *la fase eufórica de su vida*. Eufórica en el sentido de una actividad convencida en el plano sindical, y en el sentido de una camaradería vivida y compartida, aunque sólo fuera con un pequeño número; también en el sentido de una generosa innovación en la enseñanza, tanto para las alumnas de los tres liceos de señoritas en que fue nombrada (Le Puy: 1931-1932; Auxerre: 1932-1933; Roanne: 1933-1934), cuanto para los mineros estudiantes de una verdadera universidad obrera que ella desarrolló en Saint-Étienne; por último, en el sentido de los viajes destinados a conocer la realidad contemporánea, particularmente el viaje a Alemania de 1932.

De acuerdo con los datos del problema de la unidad sindical que ella conoce durante su participación en el XXVIIº congreso de la CGT (15-18 de septiembre de 1931) y por sus contactos con los sindicalistas revolucionarios del grupo de *La Révolution prolétarienne* (especialmente Monatte y Louzon, de formación libertaria), se pone en relación con el Sindicato Nacional de Maestros en Haute-Loire y Loire (Vidal en Le Puy y Thévenon en Saint-Étienne) y desde el principio trata de hacer pie en alguna agrupación sindical. Su acción por los obreros está orientada en el sentido de una promoción de su cultura, mediante cursos, artículos, sobre todo en *L'Effort* (*El esfuerzo*), periódico de la asociación autónoma de la construcción de Lyon, y contactos de solidaridad concreta con sus problemas, particularmente en los "acontecimientos de Le Puy", que se desarrollan entre diciembre de 1931 y febrero de 1932. Los huelguistas de la ciudad, al no tener ningún auxilio, le piden que forme parte de la delegación que debe ir a la intendencia. Ella los acompaña, toma la palabra, redacta en su nombre comunicados en el diario *La Tribune*, participa en las manifestaciones. Como docente y mujer, provoca un verdadero debate público entre sus detractores y sus defensores y corre el riesgo de ser destituida. En Le Puy, en Lyon y hasta en París, la atacan los diarios más reaccionarios. Se murmura: "Parecería que el Anticristo está en Le Puy. Es una mujer. Está vestida de hombre" (Pétrement I, 241). Los huelguistas ganaron su batalla. Simone escribió un duro comentario sobre la grosera campaña de prensa que la había atacado en el artículo "Una sobrevivencia del régimen de castas". Tras plantearse el problema de adherir al Partido Comunista, ella frecuenta sus reuniones y lee sus periódicos, pero piensa que sólo puede tener confianza en los sindicatos. Más adelante, escribirá que los comunistas se habían sentido muy felices al verla expuesta junto a los huelguistas en lugar de ellos.

Su euforia, nunca inconsciente ni excesiva, pero presente sin embargo en la mayor confianza que impulsaba las actividades y las publicaciones de Le Puy, se va a atenuar poco a poco hasta desaparecer. Lo veremos primero en la lucidez profética de su fresco sobre Alemania en los umbrales del poder hitleriano. Su estancia en Berlín, en casa de una familia obrera, data de agosto de 1932. Su atención se concentra en la diferencia entre expresiones públicas (propaganda antisemita y nacionalista de los nazis) y expresiones privadas (miedo, descontento, rencor, aunque también coraje, salud, necesidad de no dejarse embrutecer por parte del individuo). Queda sorprendida por el estado de abatimiento del movimiento obrero, por el reformismo de los sindicatos y sobre todo por la pasividad del Partido Comunista. La clase obrera alemana se encuentra pues "con las manos desnudas" o peor que desnudas, porque "los instrumentos que cree tener son manejados por otros..." (*EHP*, 139). Al regresar de Alemania, rompe en sollozos (testimonio de Albertine Thévenon –emisión de la TV francesa, 18-4-1968). Escribe artículos densos y urgentes, entre los cuales está la descripción "Alemania a la espera" (en *La Révolution prolétarienne* y en *Libres propos*, octubre de 1932) y también la serie de diez artículos "La situación en Alemania" (en *L'École émancipée*, entre el 4 de diciembre de 1932 y el 5 de marzo de 1933). Su orden de aparición ha sido conservado en los *EHP*. La reacción de la izquierda, en particular de los comunistas, es negativa; Simone es acusada de derrotismo. Lo que ella pretendía era actuar en favor de la renovación del socialismo. Por tal motivo, decide pasar del Sindicato Nacional de Maestros a la Federación Unitaria de la Enseñanza, donde de inmediato es atacada por su deseo "de ponerse seriamente a *revisar* todas las nociones" (Carta a los Thévenon, en *La Révolution prolétarienne*, nº 362, mayo de 1952). Su acción evolucionará abiertamente en dos direcciones: la ayuda a los refugiados alemanes y el apoyo a las minorías comunistas de oposición. Entre los refugiados (tras el advenimiento de Hitler al poder, el 23 de marzo de 1933), Simone trató de ayudar especialmente a aquellos que no encontraban ningún auxilio por no pertenecer a ninguna de las dos Internacionales. Su ayuda se concretó de varias maneras: testimonios de defensa en los congresos, sumas de dinero, búsqueda de puestos de trabajo y, en primer lugar, el recibimiento en su propia casa, con el apoyo constante de sus padres. Las dos direcciones mencionadas coincidieron en el proyecto de ruptura con la IIIª Internacional y el preámbulo a una IVª Internacional, cuyos lineamientos expresó en una declaración que redactó ella misma ("diciendo que solamente así estaba segura de estar de acuerdo con el texto", Pétrement I, 322) luego de las reuniones con un grupo de amigos (Patri, Rabaut, Treint, etc.) que querían preparar, como "militantes conscientes", "un reagrupamiento de los revolucionarios conscientes que se hiciera por fuera de toda vinculación con la burocracia estatal rusa" (*Ibíd.*, 323). Parece ser que Simone escribió en un solo día, sin interrupción y sin tocar ningún alimento, el artículo "Perspectivas - ¿Vamos hacia la revolución proletaria?" que apareció en *La Révolution prolétarienne*, nº 158, el 25 de agosto de 1933. Entonces fue cuando sus ideas *heréticas* desembocaron en el análisis social en el que tenía gran interés, para verificar las posibilidades reales de triunfo de una revolución socialista (v. cap. III). El artículo fue considerado genial por Marcel Martinet, poeta pacifista de izquierda a quien ella le confiará su alegría cuando ingrese a la fábrica, y también confirmó el profundo aprecio de Boris Souvarine por Simone, según él, "el único cerebro del movimiento obrero desde hace años" (Pétrement I, 353). Por otra parte, hubo críticas duras, y sobre todo cargadas de una agresividad que obstaculizaba la posibilidad de comprender. Trotsky habló de "prejuicios pequeñoburgueses de lo más reaccionarios" (folleto *La Cuarta Internacional y la U.R.S.S.*, del 13 de octubre de 1933, en Pétrement I, 355). Esa áspera crítica la había divertido más que indignado y por cierto que no le impidió suplicar a sus padres que albergaran a Trotsky, que por entonces residía bajo vigilancia en Barbizon, para una reunión clandestina en casa de ellos a fines de 1933.

En marzo de 1934, le escribe a su amiga Simone Pétrement: "Decidí retirarme completamente de toda clase de política, excepto en cuanto a la búsqueda teórica. Lo que no excluye para mí la participación eventual en un gran movimiento espontáneo de masas (entre las filas, como soldado), pero no quiero ninguna responsabilidad, por mínima que fuera, ni siquiera indirecta, porque estoy segura de que toda la sangre será vertida en vano y que estamos vencidos de antemano" (I, 401). La opresión era más profunda y estaba más extendida; era inherente al mecanismo de las *relaciones naturales* de los hombres entre sí. Es el tema de su ensayo *Réflexions sur les causes de la liberté et de l'oppression sociale* que escribió entre el verano y el otoño de 1934, que Alain consideró "de primera magnitud" y digno de abrir una serie, los Cahiers de Critique (Cuadernos de Crítica) en la cual le ofrecía convertir los *Libres propos*. Simone Weil era consciente de ello y llamaba a ese texto su "gran obra" y su "testamento"; pero nunca lo publicó, sobre todo debido a las críticas de un amigo (ver capítulo III).

1934-1935

Es el año de la fábrica, donde Simone verifica con todo su ser la situación clave de la desgracia de la época. Había escrito: "La fábrica racionalizada, donde el hombre se encuentra privado, en beneficio de un mecanismo inerte, de todo lo que es iniciativa, inteligencia, saber, método, es como una imagen de la sociedad actual" ("Perspectivas" en *OL*, 26). Se prepara entonces decididamente, con la resolución de matarse si ella "no soportaba el golpe" (Pétrement I, 413), desaconsejada por su hermano y también por Albertine Thévenon, sobre todo a causa de su mala salud. Pero ella debía salir del atolladero en que estaba en el plano teórico con respecto a una revolución eficaz. Su pedido de licencia "para estudios personales", fechado el 20 de junio de 1934, precisa: "Desearía preparar una tesis de filosofía concerniente a la relación de la técnica moderna, base de la gran industria, con los aspectos esenciales de nuestra civilización, es decir, por una parte nuestra organización social, por otra parte nuestra cultura" (Pétrement I, 413). El *Journal d'usine* (*Diario de fábrica*), un texto muy moderno, es la crónica de su experiencia inmediata. A través de los retratos, los diálogos, las cuentas rigurosas, los análisis lúcidos, Simone deja que hablen las sensaciones de su cuerpo, las percepciones de su afectividad y las deducciones de su mente: su cansancio, la amargura de una rabia impotente, la gratitud cálida y la solidaridad, las reflexiones objetivas y los consejos de organización. Ese período de su vida se desarrolló entre el 4 de diciembre de 1934 ("cargadora" en Alsthom, gracias a Boris Souvarine, su gran amigo, y a Auguste Detoeuf, el industrial filósofo con quien anudará lazos de amistad y de colaboración, sobre la base de una "afinidad de fondo") y el 9 de agosto de 1935 ("embaladora" en Ét. Carnaud; "obrera especializada" en Renault, con intervalos por huelga y enfermedad). Al final del *Diario*, sin fecha, leemos: "¿Qué gané con esta experiencia? La sensación de que no poseo ningún derecho, cualquiera sea, para lo que sea (atención de no dejarla pasar). La capacidad de bastarme moralmente por mí misma, de vivir en ese estado de humillación constante sin sentirme humillada ante mí misma..." (*CO*, 144). Dicha conciencia, que está en la base de la necesidad de forjarse una identidad esencial, va a inspirar la labor de los *Cahiers*: recobrar "un equilibrio entre el hombre y él mismo, entre el hombre y las cosas" (ver capítulos III y IV). Los *Cahiers* se concentran en la enseñanza que debe extraerse de las sensaciones y las percepciones para esbozar una fisiología, una ética y una estética del trabajo.

1935-1936

La experiencia de la fábrica hace más esenciales sus encuentros y sus acciones. Puede decirse que asistimos a una interiorización y a una concretización progresivas. Septiembre de 1935: viaja a España y a Portugal con sus padres. A la noche, bajo la luna llena, en una pobre aldea a orillas del mar, se celebra la fiesta patronal. "Las mujeres de los pescadores rodeaban los botes, en procesión, llevando cirios, y cantaban cánticos ciertamente muy antiguos, de una tristeza desgarradora... De pronto tuve la certeza de que el cristianismo es por excelencia la religión de los esclavos, que los esclavos no pueden dejar de adherir a ella, y yo entre ellos" (*AdD*, 42-43). Es su primer contacto personal profundo con el catolicismo. Destinada a Bourges, para el período 1935-1936, sus cursos de filosofía contienen cada vez menos abstracciones filosóficas y cada vez más referencias a las grandes obras literarias clásicas y contemporáneas (Homero, Goethe, Balzac, Hugo, Saint-Exupéry, Claudel, Valéry...) junto a ejemplos tomados de su vida de fábrica. Todo con el fin de suscitar reflexiones éticas y psicológicas sobre la relación entre uno mismo y las circunstancias.

Diciembre de 1935. – Visita una fundición en Rosière y le propone al señor Bernard, el ingeniero que la dirige, una colaboración en el diario de la fábrica, *Entre nous* (*Entre nosotros*), con el fin de suscitar un espíritu de cooperación entre dirigentes y obreros. Bernard rechaza el texto de Simone ("Un llamado a los obreros de R.", en *CO*, 173-180), porque considera que alienta el espíritu de clase; no obstante, la correspondencia entre ambos continúa hasta el verano (ver capítulo III), en particular hasta la gran huelga de junio del 36 que siguió a la victoria del Frente Popular. Simone va a visitar varias fábricas ocupadas, incluso Renault en donde había trabajado. Su artículo sobre "La vida y la huelga de los obreros metalúrgicos" aparece en *La Révolution prolétarienne* del 10 de junio de 1936, bajo el seudónimo de Simone Galois (tomado del gran matemático Évariste Galois que, según Alain, era uno de sus héroes).

1936-1938

El objetivo es *la vida del hombre*, que debe encontrar el verdadero valor de sí mismo bajo la constricción de la necesidad más dura. Simone había tratado de comunicarles esto a sus alumnos de Bourges, a los obreros antes y después de la victoria del Frente Popular, en sus reflexiones sobre la guerra ("Reflexiones sobre la guerra", noviembre de 1933 – *EHP*, 229-230). Lo verificó en persona bajo la coacción del trabajo obrero; y se somete de nuevo a ello con su participación en la guerra de España. Partirá en el verano de 1936, sin ilusiones, atendiendo a su exigencia moral de solidaridad individual con otros individuos, los anarquistas españoles. Al mismo tiempo, comprende y justifica la política pacifista de Léon Blum que no puede lanzar a la guerra a todo un pueblo ("¿Hay que lustrar los borceguíes?" –

octubre de 1936 – *EHP*, 248-249). Ella se va a enrolar ("como periodista", les dice a los suyos, que la seguirán en secreto) en la columna internacional de Buenaventura Durruti; es la única mujer entre veintidós hombres. Dos camaradas velarán por ella turnándose cada noche. La miopía va a traicionarla: al no ver una enorme sartén llena de aceite hirviendo, apoyada en un fuego encendido en un agujero cavado en la tierra, Simone pone el pie adentro. Se quema gravemente, no la atienden bien (su *Diario de España* [agosto de 1936] –*EHP*, 209-216– no menciona el accidente); evitará la amputación gracias a su padre que llegará para cuidarla y la convencerá de regresar a Francia. Simone Weil no volverá más a España. Encontramos las razones profundas para ello en su carta a Georges Bernanos (ver capítulo IV).

Su pacifismo se orienta cada vez más decididamente hacia una ética de las relaciones internacionales, expresándose primero como una lucha contra las palabras huecas, que originan ilusiones. Por tal motivo, publica el artículo "No volvamos a empezar la guerra de Troya" en uno de los primeros números de la revista *Nouveaux Cahiers* (sección "Poder de las palabras", abril de 1937, *EHP*, 256-272). Bimensual, la revista era el fruto de las reuniones de un grupo que Auguste Detoeuf había formado en la primavera de 1936 (ver capítulo V). Contra el horror de una guerra totalitaria, Simone escribe numerosas cartas a Belin, dirigente de la CGT, donde le señala que la preparación para la guerra es el mayor obstáculo para una real transformación de la condición obrera. "El capitalismo será destruido, pero no por la clase obrera. Será destruido por el desarrollo de la defensa nacional en cada país y reemplazado por el Estado totalitario. Es eso lo que tendremos en materia de revolución" (Pétrement I, 133).

Ella estaba profundamente agotada. A comienzos de marzo, se dirige a Montana en Suiza para probar un tratamiento contra los dolores de cabeza que, junto a las secuelas de la quemadura y a la anemia, le impedirán dar clases durante un año entero. En la clínica La Moudra, encuentra a un estudiante de medicina, Jean Posternak, y escuchan juntos mucha música, sobre todo Monteverdi, Bach, Mozart, Beethoven y los cantos gregorianos. Junto con sus padres, Posternak será el destinatario de sus cartas de Italia. El 23 de abril de 1937, parte hacia ese país, al que había deseado conocer desde hacía mucho tiempo. Ese primer viaje durará hasta el 16 de junio. El segundo viaje tendrá lugar en 1938, entre fines de mayo y agosto. En su vida, Italia es una fase de alimento afectivo (encuentros al azar); de inspiración estética (mensajes de la pintura: la *Cena* y los *San Jerónimo* de Da Vinci, el *Concierto* de Giorgione, los frescos de Giotto en Asís; la escultura: Miguel Ángel en las capillas de los Médici, las estatuas griegas en los museos del Vaticano; la música: misa de Palestrina para Pentecostés en San Pedro, Donizetti y Rossini en la Scala de Milán, y sobre todo Monteverdi en el Mayo musical florentino); de valorización espiritual del ambiente de las ciudades (en particular, Florencia y Asís en el primer viaje, y en el segundo, Venecia, ver capítulos IV y IX). Italia le da a su corazón la preparación para la belleza. Además, en Asís ella vive otro momento de una importancia decisiva. Le escribirá al padre Perrin: "Allí, estando sola en la pequeña capilla romana del siglo XII de Santa Maria degli Angeli, una incomparable maravilla de pureza donde San Francisco rezó muy a menudo, algo más fuerte que yo me obligó, por primera vez en mi vida, a ponerme de rodillas". (*AdD*, 43) En una carta a Posternak de 1938, dirá que Italia resucitó en ella "la vocación por la poesía, reprimida desde la adolescencia" (Pétrement I, 164); escribe entonces un poema, "Prometeo", y se lo envía a Valéry, quien lo aprecia. Piensa en escribir teatro (ver capítulo IV). Los acontecimientos políticos evocan su sufrimiento: Bilbao ha caído en manos de los franquistas; el gobierno de Léon Blum ha ofrecido su dimisión. Para Simone, el Frente Popular ha muerto (ver "Meditaciones sobre un cadáver", *EHP*, 324-327).

Para el año de 1937-1938, tiene un puesto en Saint-Quentin, una ciudad industrial no lejos de París. Allí continúa su método de Bourges: las obras literarias suscitan la reflexión sobre las situaciones de la vida real. A comienzos de noviembre de 1937, se dirige a Amsterdam. Rembrandt se unirá a los otros artistas amados: Goya, Da Vinci, Giotto, Masaccio, Giorgione, Velázquez y Miguel Ángel... Los "genios de primer orden", que para ella no son numerosos. Entre los poetas, elige al autor de la *Ilíada*, a Esquilo, a Sófocles, al Shakespeare de *King Lear*, al Racine de *Fedra*... *El libro de Job*, el *Bhagavad-Gîtâ*, el *Cántico de las criaturas* de San Francisco; entre los músicos, junto con el canto gregoriano, están Monteverdi, Bach, Mozart... Son los dadores de belleza.

Después del mes de enero, los dolores de cabeza vuelven a empezar a tal punto que la obligan a pedir una primera licencia de dos meses; esa licencia será prolongada por el resto del año, y luego reiterada para 1938-1939 y para 1939-1940. Simone ya nunca retomaría la docencia. En algún momento, piensa en seguir el ejemplo de Simone Pétrement, que había pasado de la École a la Biblioteca Nacional, pero desiste de inmediato. El tiempo de preparación técnica necesario para ese empleo le parece tiempo sustraído a sus actividades que para ella eran obligaciones. Concentra toda su atención en la política internacional y en el problema del colonialismo (había iniciado sus reflexiones al respecto durante la exposición colonial de 1931, e incluso antes). Aun después de la invasión hitleriana de Austria (12 de marzo de 1938), ella declara y apoya la exigencia de mantener la paz a toda costa. El 25 de marzo, firma con otros intelectuales antifascistas una declaración que es un llamado a la negociación. El estilo parecería ser el suyo: "... La salvación de todos... exige que un esfuerzo decisivo hacia la paz interrumpa la carrera insensata hacia la guerra" (Pétrement II, 185).

Para las Pascuas (el 17 de abril), decide seguir la liturgia de la Semana Santa en la abadía benedictina de Saint-Pierre-à-Solesmes, célebre por la belleza de sus cantos gregorianos (ver capítulo VI). Luego le contará esa experiencia interior al padre Perrin: "Resulta obvio que en el transcurso de esos oficios el pensamiento de la Pasión de Cristo entró en mí de una vez por todas". Allí un joven inglés, que parece revestido de un "fulgor verdaderamente angélico" después de haber comulgado, por primera vez le da "la idea de una virtud sobrenatural de los sacramentos" (*AdD*, 43).

1938-1940

Sus dolores de cabeza fueron particularmente intensos hacia fines de 1938. Temiendo tener un tumor en la cabeza, Simone fue a consultar a un cirujano especializado en ese tema, Clovis Vincent. Su angustia ante la idea de la degradación física por la que se creía amenazada la había llevado a una resolución de suicidio premeditado que era lo único que le devolvía la serenidad. Es lo que le escribió en una carta a Joë Bousquet. Este último, junto con el padre Perrin, será el amigo a quien le confiará su experiencia mística de contacto con lo trascendente. Al menos indudablemente una vez, hacia mediados de noviembre: "En un momento de intenso dolor físico, cuando me esforzaba por amar, pero sin creerme con derecho a darle un nombre a ese amor, sentí... una presencia más personal, más cierta, más real que la de un ser humano... Desde ese instante, el nombre de Dios y el de Cristo se mezclaron cada vez más irresistiblemente en mis pensamientos". (Carta a J. B., del 12 de mayo de 1942, en *PSO*, 81). Es un giro decisivo. Ella lee y relee enormemente, sobre todo en el ámbito de la historia: los antiguos, Heródoto, Tucídides, Polibio, Diodoro de Sicilia, Plutarco, Appiano, César, Tito Livio, Tácito..., numerosos relatos, crónicas, memorias o documentos relativos a la Edad Media y a la época moderna, de la *Canción de la Cruzada* a las *Memorias* de Richelieu, al diario de Pepys... Y también poetas, de Ovidio a Terencio, de Maurice Scève a Théophile Viau. Revisa en profundidad la *Ilíada*, que será el tema de un gran ensayo que publicará en Marsella, en los *Cahiers du Sud*. La historia de las religiones será un tema principal: *El libro egipcio de los muertos*, una *Selección de textos religiosos asirio-babilónicos*. Lee por primera vez íntegro el Antiguo Testamento (en la versión oficial del Rabinato de Francia); lo que la indigna es que "la orden de exterminio sea presentada como una orden de Dios". Le gustan algunos salmos, el Cantar de los Cantares, Isaías, Daniel, y sobre todo Job. Se verá el fruto de esas lecturas en su largo artículo "Algunas reflexiones sobre los orígenes del hitlerismo", en tres partes, de las cuales sólo la segunda apareció en los *Nouveaux Cahiers* del 1-1-40 (ver capítulo IV).

La ofensiva alemana hacia el oeste se desencadenó el 10 de mayo de 1940. Simone seguía febrilmente el curso de los acontecimientos y deseaba con ardor que el gobierno supiera "galvanizar" a la población. Cada uno debía ayudar para ello. El 13 de junio, en la víspera del arribo de los alemanes, Simone y sus padres abandonaron París, ciudad abierta (André estaba en la infantería, en Cherbourg). Por medios improvisados, llegaron a Vichy, donde iban a permanecer dos meses. Allí Simone se opuso violentamente a las ideas de antiguos camaradas pacifistas que aprobaban el armisticio. Desde entonces, no tendrá otro objetivo que unirse a los hombres de la Resistencia en Inglaterra. En Vichy, pasa sus días escribiendo de nuevo su tragedia, *Venise sauvée* (*Venecia salvada*, capítulo IV y IX). Habiendo solicitado un puesto para la enseñanza en África del Norte, fue nombrada en el liceo de señoritas de Constantine, pero nunca recibió la notificación. Iba a tener que permanecer en Marsella para vivir *su tregua*, en donde todas sus experiencias anteriores –de la vida en la fábrica a las meditaciones de política y de historia, de las lecturas religiosas al estudio de los griegos, del compromiso sindical a las reflexiones jurídicas– van a converger en una serie de expresiones prácticas y especulativas surgidas de una orientación interior cada vez más clara y unificada.

1940-1942

Acciones de solidaridad. Visitas al campo de los annamitas, a quienes cede la mayoría de sus cupones de alimentación y para quienes obtiene de Vichy la sustitución de un director tiránico por otro más humano. Colas en el consulado norteamericano para obtener una visa para un refugiado austríaco. Cartas a otro refugiado, el español Antonio. Resultado más amplio en el plano jurídico. "Nota sobre la pena de confinamiento infligida a los extranjeros", que Simone destinaba a monseñor Delay, obispo de Marsella, para que obtuviera de Pétain la abolición de esa pena y la gracia para todos los extranjeros ya condenados al confinamiento. Ayuda a la Resistencia. Sirve de "buzón de cartas" para la revista *Cahiers du Témoignage chrétien* (*Cuadernos del testimonio cristiano*).

Escritos. Colabora en los *Cahiers du Sud*, con el seudónimo de Émile Novis, anagrama de su nombre, demasiado judío, que ella acepta a causa de sus padres (testimonio de Marcelle Ballard). Publica su ensayo sobre la *Ilíada* y también participa en el número especial sobre el "Genio de Oc y el hombre mediterráneo". Colabora además en *Economía y humanismo* (encuentro con el P. Jacques Loew) y en las actividades de la Sociedad de Estudios Filosóficos (encuentro con Gaston Berger, un industrial al que Le Senne había llevado a la filosofía; Berger publicará en 1946 el artículo de Simone "Ensayo sobre la noción de lectura" –ver capítulo V). Su actividad intelectual se torna cada vez más intensa entre fines de octubre de 1941 y su partida de Marsella hacia los Estados Unidos, el 14 de mayo de 1942; junto a un gran número de artículos y ensayos, Simone redacta siete de los once "Cuadernos de Marsella" (del 5 al 11).

Encuentros. Por medio de los *Cahiers du Sud*, revista fundada y dirigida por Jean Ballard: Jean Lambert, escritor, yerno de André Gide; el poeta Jean Tortel, Lanza del Vasto y Joë Bousquet, el escritor inválido a quien le hablará de su "Proyecto de formación de enfermeras de la primera línea de combate" (ver capítulo IV). Se reencuentra con antiguos compañeros de estudios: Gilbert Kahn, Camille Marcoux y René Daumal. Este último le regala una gramática sánscrita y un ejemplar del *Bhagavad-Gîtâ* en su lengua original. Simone comienza a estudiar el sánscrito, primero con la ayuda de Mme. de Salzmann y luego con el mismo Daumal. Durante el verano de 1941, leerán juntos los *Upanishads*. Se vincula amistosamente con Pierre Honnorat, matemático (colega de André) y con su hermana Hélène, que introduce a Simone en el ambiente católico de Marsella y la envía con el padre Joseph-Marie Perrin, dominico.

Diálogo religioso. El diálogo entre Simone y Perrin comienza el 7 de junio de 1941 y durará diez meses. Se concentra en el problema del bautismo y de la adhesión explícita de Simone a la Iglesia Católica, cuya influencia Simone teme como una "cosa social", una colectividad (ver capítulos VI y IX). Simone mantendrá todas sus vacilaciones frente al bautismo, pero al mismo tiempo lo difundirá a su alrededor (según el doctor Bercher, *CSW, loc. cit.*), percibiéndolo como una ayuda valiosa que se le puede brindar al alma desde el comienzo de la vida (en este sentido, lo recomendará para su pequeña sobrina Sylvie, en Nueva York). Se siente "en estado de gracia" y tiene que prohibirse ir a comulgar siguiendo su "intenso deseo" (Bercher, en Pétrement II, 341).

Experiencia agrícola. El 7 de agosto de 1941, Simone se encuentra con Gustave Thibon, el agricultor filósofo a quien Perrin la envió para que realizara su deseo de trabajar en el campo. Permanecerá en su granja en Saint-Marcel-d'Ardèche durante dos meses aproximadamente. Eligió ocupar una casita deteriorada cerca de la casa de Thibon, donde se siente muy feliz. Su amistad es profunda. Thibon me dijo: "Nunca nos habríamos puesto de acuerdo sobre las cuestiones prácticas. En cambio, nunca estuve tan en armonía con nadie más en cuanto a lo esencial. Las largas conversaciones con ella están entre los acontecimientos de mi vida". En septiembre, Simone aprende de memoria el *Pater* en griego y experimenta por primera vez la alegría de la plegaria. Le escribirá al padre Perrin: "La virtud de esa práctica es extraordinaria y me sorprende siempre, porque aun cuando la experimente cada día, siempre supera mis expectativas... El espacio se abre. La infinitud del espacio ordinario de la percepción es reemplazada por una infinitud a la segunda o a veces a la tercera potencia. Al mismo tiempo, esa infinitud de infinitud se colma de punta a punta con silencio, un silencio que no es ausencia de sonido, que es el objeto de una sensación positiva, más positiva que la de un sonido" (*AdD*, 48-49); ver capítulo VI). A fines de septiembre, gracias a Thibon, la contratan en una "escuela" de vendimiadoras en la propiedad de un gran terrateniente de Saint-Julien de Peyrolas. El trabajo es muy duro, pero ella resiste hasta el final, a costa de grandes esfuerzos.

André Weil, en los Estados Unidos con su mujer Évelyne desde marzo de 1941, encuentra la manera de hacer que vayan sus padres y su hermana. Es una solución práctica indispensable que sin embargo desgarra a Simone, porque esa partida le parece una fuga. Se marcha, pero con la condición de que su hermano haga todo lo posible para ayudarla en la realización de su "Proyecto", que había sido juzgado favorablemente en el Ministerio de Guerra francés, a comienzos de 1940.

1942-1943

Luego de una estadía en un campo de refugiados en Casablanca, desde donde Simone envía muchas cartas y termina su comentario a los textos pitagóricos, que le manda a Perrin, se embarcan hacia Nueva York el 7 de junio de 1942. Desde su llegada, André le dice muy claramente a Simone que el viaje hacia Inglaterra, indispensable para la realización de su proyecto, será muy difícil, sino imposible. Durante dos meses y medio, Simone sentirá la imposibilidad de escribir y gastará sus energías en cartas, visitas y peticiones, llegando hasta el estado mayor de Roosevelt. Al mismo tiempo, decide escribirles a antiguos compañeros de estudios que se encontraban en la Francia libre en Londres, entre los cuales está Maurice Schumann. Asiste a un curso de *first aid* en Harlem, se interesa por la situación de los negros y concurre al servicio del domingo en una iglesia bautista de Harlem. En las bibliotecas, realiza investigaciones sobre el folklore. En octubre, se encuentra con André Philip, comisionado del Interior y del Trabajo en el Comité Nacional de la Francia Libre en Londres. Philip, que sin embargo había considerado irrealizable el proyecto de las enfermeras, piensa en un puesto para Simone dentro de sus oficinas. Aliviada, ella escribe en esa época la mayoría de sus *Cuadernos de América* (del 3 al 7). El viaje está decidido. Escribe entonces tres cartas importantes, una a su hermano recomendándole a sus padres, otra al filósofo Jean Wahl en la que refuta los rumores que difundían algunos franceses refugiados en Norteamérica diciendo que ella era simpatizante de Vichy, y destaca su intención de combatir contra Hitler sin permitirse juzgar a otros que "en Francia, se desenvuelven como pueden dentro de una situación terrible" y resume lo que piensa sobre la historia de la filosofía y de las religiones. Cree en la continuidad de una sola concepción filosófica y espiritual que va desde la mitología antigua hasta los misterios cristianos, y afirma la necesidad de que un pensamiento semejante encuentre "una expresión moderna y occidental... a través de lo único propio que tenemos, es decir, la ciencia" (Pétrement II, 446-447, ver capítulo IX y X). La tercera carta se dirige al P. Couturier, dominico, y amplía a 35 los temas de la discusión que había sostenido en las Pascuas de 1942 con el benedictino Dom Clément Jacob.

Simone partió el 10 de noviembre. Al dejar a sus padres, les dijo: "Si tuviera varias vidas, les dedicaría una a ustedes, pero sólo tengo una vida" (Pétrement II, 448).

Llega a Liverpool el 25 de noviembre y la retienen en un centro de revisión, en las afueras de Londres, durante dieciocho días ("no he tenido suerte–¡siempre Antígona!", *EdL*, 218). Luego pasó al cuartel de los voluntarios franceses, de donde Maurice Schumann acudió a sacarla para conducirla ante Louis Closon, de la oficina de André Philip (capítulo IX). Se enamoró de Londres, de Inglaterra y de los ingleses, verificando en las "escenas menores de la vida cotidiana" la presencia de dos rasgos típicos del carácter inglés visto por uno de sus autores preferidos, T. E. Lawrence: "El humor y la amabilidad". Ella respira "el más puro Dickens" en casa de su huésped, Mrs. Francis, en el barrio pobre de Notting Hill; Mrs. Francis es viuda, con dos hijos, a los que Simone ayuda a hacer los deberes. Es el inicio de enero de 1943 (*EdL*, 221, 231).

Como redactora, debe examinar proyectos de grupos franceses de la Resistencia con el objetivo de preparar la posguerra y organizar la paz. ¿Qué nueva Constitución se le debe dar al país? ¿Qué leyes habría que votar? Simone no se limita a observaciones críticas, sino que expresa ideas "siempre originales en todos los ámbitos: jurídico, administrativo, político" (testimonio de Schumann en el film *Afflicted one* de Vernon Sproxton, 1962), y en muy numerosos escritos, de los cuales *El arraigo* es el más extenso (ver capítulos I y IX).

No obstante, siente un sufrimiento insoportable al ver que se le niega la misión peligrosa de un contacto directo con *la desgracia*, que ella había solicitado a partir de su "Proyecto" de las enfermeras. A la noche, para escribir, se hace encerrar voluntariamente dentro de su oficina; no come sino el mínimo del racionamiento en Francia, según ella. El 15 de abril de 1943, la encuentran inconsciente en el piso de su habitación. En el hospital Middlesex, le diagnostican un tipo de tuberculosis no demasiado grave (granulia), pero el rechazo a alimentarse por parte de la enferma empeora sus condiciones. A comienzos de junio, puede reanudar la lectura del *Bhagavad-Gîtâ* en sánscrito y la escritura de sus notas; ha seguido escribiéndoles a sus padres, ocultándoles su situación. A fines de junio, por medio de una larga carta a Closon, renuncia a su puesto, porque ella debe "estar sin ningún lazo oficial, ya sea con la Francia combatiente", ya sea con "los cuadros gubernamentales". Si alguna vez se produce su "restablecimiento", por sus padres, dedicará la poca energía y la poca vida que se le concediera ya sea a "reflexionar y redactar lo que tiene en [su] seno... ya sea dentro de una actividad como carne de cañón" (Pétrement II, 506, 509). Dado que el médico desespera de poder curarla y Simone se siente oprimida por la atmósfera del hospital, le consiguen un lugar en el Grosvenor Sanatorium, Ashford, Kent, adonde llega en un estado muy grave. Resulta imposible examinarla; ya no puede ingerir alimentos sólidos. Pero a ella le gusta su habitación con vista al campo y pasa sus últimos días con serenidad.

Fallece el 24 de agosto de 1943, hacia las veintidós horas y treinta, mientras duerme. La enterrarán el 30 de agosto en el *New Cemetery* de Ashford, en la sección reservada a los católicos. Siete personas asistieron al sepelio.

Se había pedido a un sacerdote que asistiera; pero se equivocó de tren, perdió el que debía tomar y no fue. Schumann tenía un misal y leyó unas plegarias. Mrs. Francis puso en la tumba un ramo atado con una cinta con los colores de Francia.

Datos bibliográficos

La mayoría de los numerosos escritos de Simone Weil son póstumos. La historia de su publicación es compleja y ha tomado dos direcciones paralelas, una por la iniciativa del P. Joseph-Marie Perrin y de Gustave Thibon, la otra por la tarea de la familia Weil y de Albert Camus.

Del lado Perrin-Thibon. Antes de abandonar Marsella, con una despedida que percibía como definitiva, Simone Weil le confió sus escritos más recientes a las únicas personas que consideraba capaces de comprenderlos y, ocasionalmente, utilizarlos, dada la riqueza de los intercambios intelectuales y afectivos y su amistad con dichas personas. Su distribución fue la siguiente: al P. Perrin, sus ensayos espirituales, especialmente su meditación sobre el amor a Dios y su comentario del *Pater*, junto con su investigación sobre los textos griegos, temas esenciales del diálogo entre ambos (junio del 41-primavera del 42). Perrin publicaría cinco de estos ensayos junto con seis cartas de Simone en la compilación *Attente de Dieu* (Espera de Dios), en 1949; las traducciones y comentarios de los textos griegos aparecerán en 1951 con el título de *Intuitions préchrétiennes* (Intuiciones precristianas). A Gustave Thibon, once cuadernos muy densos, con el permiso de leer pasajes de ellos pero sin "dejar ninguno en manos de nadie, excepto naturalmente el P. Perrin y también Joë Bousquet". Y añadía: "Si durante tres o cuatro meses usted no sabe nada de mí, considérelos como de su completa propiedad" (carta de Simone Weil a Gustave Thibon – Casablanca, mayo del 42, en *CSW*, Tomo IV, nº 4, diciembre de 1981, p. 196). Thibon publicó extractos de esos *Cahiers de Marseille* (*Cuadernos de Marsella*), clasificándolos por temas, con el título de *La Pesanteur et la Grâce* (*La gravedad y la gracia*). Fue el primer impacto del pensamiento weiliano, en 1947.

Del lado de la familia Weil-Camus. En 1949, la primera preocupación de Selma y de Bernard Weil, que entonces regresaban a París, fue recoger los escritos de su hija. Los papeles anteriores a la guerra les fueron entregados por Pierre Honnorat, a quien Simone se los había confiado en Marsella, así como por Simone Pétrement, quien los había tomado bajo su cuidado antes del pillaje nazi en el departamento de los Weil en París. Closon y otros amigos les enviaron los manuscritos de Londres. En cuanto a los escritos de Marsella, Perrin y Thibon se consideran sus depositarios; Thibon, como vimos, ya había publicado extractos; Perrin va a difundir pronto una primera parte de los textos que le habían sido enviados por Simone. Los Weil debieron entonces limitarse a reorganizar los textos a su disposición, en especial los siete *Cahiers d'Amérique* (*Cuadernos de Norteamérica*) y el *Carnet de Londres* (*La libreta de Londres*), con los numerosos textos y fragmentos inéditos de los años treinta. Comenzaron a publicarlos con el apoyo de Albert Camus, quien por esa época estaba organizando la colección "Espoir" ("Esperanza") para Gallimard, en la cual justamente se publicó primero el ensayo weiliano inconcluso *L'Enracinement. Prélude à une déclaration des devoirs envers l'être humain* (*El arraigo. Preámbulo a una declaración de los deberes hacia el ser humano*), en 1949. Fue Gilbert Kahn, un amigo de Simone Weil desde 1937, quien les presentó el manuscrito a Brice Parain y a Albert Camus; Parain propuso el título de *El arraigo* (según una carta de Gilbert Kahn a Gabriella Fiori, fechada el 30 de junio de 1979). En 1950, los *Cuadernos de Norteamérica* y la *Libreta de Londres* aparecen con el título de *La Connaissance surnaturelle* (*El conocimiento sobrenatural*). Los otros cuadernos aparecieron finalmente con el título de *Cahiers* entre 1951 y 1956, en Plon, el mismo editor que había publicado *La Pesanteur et la Grâce*. Las dos ediciones son apresuradas. Los editores transcribieron los textos de manera continua, sin señalar los pasos de un cuaderno al otro ni explicar los cortes que se hicieron. La primera edición de Plon, por ejemplo, suprime totalmente el cuaderno nº 1 sin mencionarlo; en *La Connaissance surnaturelle*, no se respeta la numeración de los cuadernos indicada por Simone Weil. Entre 1970 y 1974, una segunda edición de los *Cahiers*, rigurosamente establecida por Simone Pétrement y André Weil, ha subsanado los inconvenientes de la primera, pero sigue abierta la cuestión de la revisión de *La Connaissance*. En italiano, ha sido resuelta por la publicación del IV° volumen de los *Quaderni*, basado únicamente en los manuscritos (traducción, introducción y notas de Giancarlo Gaeta, Milán, Adelphi, 1993).

Obras de Simone Weil

(Editadas en libro: se indica la primera edición y, en caso de ser necesario, la edición utilizada en el presente texto.)

Attente de Dieu (*Espera de Dios*), Introducción de Joseph-Marie Perrin, O. P. París, La Colombe. Éd. du Vieux Colombier, 1950, p. 238; edición citada, París, Fayard 1966, p. 256.

Cahiers, I, col. L'Épi, París, Plon, 1951, p. 244; ed. cit.: nueva ed. revisada y aumentada, 1970, p. 295.

Cahiers, II, col. L'Épi, París, Plon, 1953, p. 429; ed. cit.: nueva ed. revisada y aumentada, 1972, p. 339.

Cahiers, III, col. L'Épi, París, Plon, 1956, p. 340; ed. cit.: nueva ed. revisada y aumentada, 1974, p. 292.

La Condition ouvrière (*La condición obrera*), prefacio de Albertine Thévenon, col. Espoir, París, Gallimard, 1951, p. 273; ed. cit.: col. Idées, París, Gallimard, 1972, p. 372.

La Connaissance surnaturelle (*El conocimiento sobrenatural*), col. Espoir, París, Gallimard, 1950, p. 337.

L'Enracinement. Prélude à une déclaration des devoirs envers l'être humain (*El arraigo. Preámbulo a una declaración de los deberes hacia el ser humano*), París, Gallimard, 1949, p. 255; ed. cit.: col. Idées, París, Gallimard 1962, p. 380.

Écrits historiques et politiques (*Escritos históricos y políticos*), col. Espoir, París, Gallimard, 1960, p. 413.

Écrits de Londres et dernières lettres (*Escritos de Londres y últimas cartas*), col. Espoir, París, Gallimard, 1957, p. 257.

Intuitions préchrétiennes (*Intuiciones precristianas*), París, La Colombe, Éd. du Vieux Colombier, 1951, p. 182.

Leçons de philosophie (*Lecciones de filosofía*) (Roanne 1933-1934), transcriptas y presentadas por Anne Reynaud-Guérithault, París, Plon, 1959, p. VI + 258; ed. cit.: col 10/18, París, UGD 1970, p. 305.

Lettre à un religieux (*Carta a un religioso*), col. Espoir, París, Gallimard, 1951, p. 92; ed. cit.: Introducción de Jean-Pie Lapierre, col. "Livre de Vie", París, Éd. du Seuil, 1974, p. 96.

Oppression et liberté (*Opresión y libertad*), col. Espoir, París, Gallimard 1955, p. 273.

Poèmes, suivis de Venise sauvée; Lettre de Paul Valéry (*Poemas, seguidos de Venecia salvada; Carta de Paul Valéry*), col. Espoir, París, Gallimard 1968, p. 134. [La primera edición de *Venise sauvée* es de 1955.]

La Pesanteur et la Grâce (*La gravedad y la gracia*), introducción de Gustave Thibon, col. L'Épi, París, Plon, 1947, p. XXXIII + 210.

Pensées sans ordre concernant l'amour de Dieu (*Pensamientos sin orden referidos al amor a Dios*), col. Espoir, París, Gallimard, 1962, p. 153.

Sur la science (*Sobre la ciencia*), col. Espoir, París, Gallimard, 1966, p. 284.

La Source grecque (*La fuente griega*), col. Espoir, París, Gallimard, 1953, p. 162.

Recopilaciones

Sevently letters, ed. Richard Rees, Londres, Oxford University Press, 1965. Esta recopilación, que contiene textos editados e inéditos, es el único conjunto de cartas weilianas que existe actualmente.

Simone Weil / Joë Bousquet. Correspondencia, Prefacio de Jil Silberstein, Lausanne, L'Âge d'Homme, 1982.

Sobre Simone Weil: algunas obras en francés

Cabaud, Jacques, *L'Expérience vécue de SW, avec de nombreux inédits* (*La experiencia vivida de SW, con numerosos inéditos*), París, Plon, 1957.

—— *SW à New York et à Londres: Les quinze derniers mois (1942-1943)* (*SW en Nueva York y en Londres: Los quince últimos meses*), París, Plon, 1967.

Davy, Marie-Madeleine, *Introduction au message de Simone Weil* (Introducción al mensaje de SW), París, Plon, 1954.

—— *SW*, prefacio de Gabriel Marcel, col. Témoins du XXe siècle, París, Éd. Universitaires, 1956, y nueva ed. revisada y actualizada, 1961.

Debidour, Victor-Henry, *SW ou la transparence* (*SW o la transparencia*), col. La Recherche de l'absolu, París, Plon, 1963.

Dujardin, Philippe, *SW: idéologie et politique* (*SW: ideología y política*), prefacio de Colette Audry, col. La Découverte, Saint-Martin-d'Hères, Presses Universitaires de Grenoble/París, Maspero, 1975.

Fleure, Eugéne, *SW ouvrière* (*SW obrera*), París, Fernand Lanore, 1955.

Giniewski, Paul, *SW ou la haine de soi* (*SW o el odio a uno mismo*), París, Éditions Berg International, 1978.

Goldschlager, Alain, *SW et Spinoza. Essai d'interprétation*, col. Études, Scherbrooke, Éd. Naaman, 1982.

Halda, Bernard, *L'Évolution spirituelle de SW* (*La evolución espiritual de SW*), col. Beauchesne, París, Beauchesne, 1964.

Heidsieck, François, *SW: Une étude avec un choix de textes* (*SW: Estudio y selección de textos*), col. Philosophes de tous les temps, París, Seghers, 1965 y 1967.

Kahn, Gilbert (comp.), *SW, philosophe, historienne et mystique* (*SW, filósofa, historiadora y mística*), col. Présence et Pensée, París, Aubier Montaigne, 1978. [En gran parte: actas del coloquio "Vigor de Alain, rigor de SW" bajo la dirección de Gilbert Kahn; Cerisy-la-Salle, 21 de julio-1º de agosto de 1974: sección SW.]

Kempfner, Gaston, *La Philosophie mystique de SW* (*La filosofía mística de SW*), París, La Colombe, Éd. du Vieux Colombier, 1960.

Narcy, Michel, *SW: Malheur et beauté du monde* (*SW: Desgracia y belleza del mundo*), París, Éd. du Centurion, 1967.

Perrin J.-M, J. Daniélou, C. Durand, J. Kaelin, L. Lochet, B. Hussar y J.-M. Emmanuelle, *Réponses aux questions de SW* (*Respuestas a las preguntas de SW*), col. Les grandes âmes, París, Aubier Montaigne, 1964.

Perrin, Joseph-Marie y Gustave Thibon, *SW telle que nous l'avons connue* (*SW tal como nosotros la conocimos*), París, La Colombe, Éd. du Vieux Colombier, 1952.

Perrin, Joseph-Marie, *Mon dialogue avec SW* (*Mi diálogo con SW*), prefacio de André A. Devaux, col. Rencontres, París, Nouvelle Cité, 1984.

Pétrement, Simone, *La Vie de SW* (*La vida de SW*), vol. I, 1909-1934, vol. II, 1934-1943, París, Fayard, 1973 y 1979.

Piccard, Eulalie, *SW. Essai biographique et critique, suivi d'une anthologie raisonnée des oeuvres de SW* (*Ensayo biográfico y crítico, con una antología razonada de las obras de SW*), París, P. U. F., 1960.

Schumann, Maurice, *SW* en *La Mort née de leur propre vie. Péguy, SW, Gandhi* (*La muerte surgida de la propia vida. Péguy, SW, Gandhi*), postfacio de Jean Guitton, col. Littérature, París, Fayard, 1974.

Vëto, Miklos, *La Métaphysique religieuse de SW* (*La metafísica religiosa de SW*), col. Bibliothèque d'histoire de la philosophie, París, Vrin, 1971.

Algunas obras de otros países

Blech-Lidolf, Luce, *La Pensée philosophique et sociale de SW* (*El pensamiento filosófico y social de SW*), Publications Universitaires Européennes, serie XX, vol. 23, Bern, Herbert Lang/Frankfurt a/ M., Peter Lang, 1976.

Canciani, Domenico, *SW prima di SW* (*SW antes de SW*), Padua, CLEUP, 1983.

Canciani, Domenico, Fiori, Gabriella, Gaeta, Giancarlo, Marchetti, Adriano, *SW. La passionne della verità* (*SW. La pasión por la verdad*), Brescia, Morcelliana 1984. [En gran parte: Actas del coloquio "Il potere e la grazia" ("El poder y la gracia"), organizado por la comuna de San Polo di Prave y por la provincia de Treviso en colaboración con la cátedra de sociología. Università di Venezia, 14-15 de octubre de 1983.]

Castellana, Franco, *SW. La discesa di Dio* (*SW. El descenso de Dios*), presentación de Italo Mancini, Nápoles, Ed. Dehoniane, 1985.

Castellana, Mario, *Mistica e rivoluzione in SW* (*Mística y revolución en SW*), col. Biblioteca di studi moderni, Manduria, Lacaita Editore, 1979.

Cavani, Liliana, e Italo Moscati, *Lettere dall'interno. Racconto per un film su SW* (*Cartas desde adentro. Relato para un film sobre SW*), col. Nuovi Coralli, Turín, Einaudi, 1979.

Draghi, Gianfranco, *Ragioni di una forza in SW* (*Razones de una fuerza en SW*), col. Lo Smeraldo, Caltanisetta-Roma, Sciascia, 1958.

Epting, Karl, *Der geistliche Weg der SW*, Stuttgart, Friedrich Vormeck, 1955.

Fiori, Gabriella, *SW. Biografia di un pensiero* (*SW. Biografía de un pensamiento*), col. Memorie documenti biografie, Milán, Garzanti, 1981.

Janeira, Ana Luisa, *Conhecer SW* (*Conocer a SW*), col. Filosofia, Braga, Livraria Cruz,1973.

Kono, Nobuko, *SW to gendai Kyukyoku* (*SW y la época contemporánea. El anti-principio absoluto*), Tokio, Daiwa Shobo, 1976.

Marchetti, Adriano, *SW. La critica disvelante* (*SW. La crítica reveladora*), pref. de André A. Devaux, Bolonia, CLUEB, 1983.

Moulakis, Athanasios, *SW. Die Politike der Askese*, Alpen aan den Riji, Sijtoff/Stuttgart, Klett-Cotta/Bruselas, Bruylant/Florencia, Le Monnier, 1981.

Rees, Richard, *Brave Men: a study of D. H. Lawrence and SW*, Londres, Gollancz 1958; Carbondale, Southern Illinois University Press, 1959.

—— *SW: A Sketch for a Portrait*, Londres, Oxford University Press, 1966, Carbondale, Southern Illinois University Press 1966 (trad. francesa por Éva Meyerovitch, *SW: Esquisse d'un portrait* [*SW: Bosquejo para un retrato*]), pref. de M.M. Davy, col. La Barque du soleil, París, Buchet-Chastel 1969.

Vicki-Vogt, Maja, *SW. Eine Logik des Absurden*, Bern und Stuttgart, Verlag Paul Haupt, 1983.

White, George Abbott (comp.), *SW. Interpretations of a Life*, Amherst, The University of Massachusetts Press, 1981.

Bibliografías

Little, J. Patricia, *SW: A Bibliography*, Londres, Grant & Cutler Ltd., 1973.

—— *SW: A Bibliography*, suplemento n. I, Londres, Grant & Cutler Ltd., 1973.

Marchetti, Adriano, *Bibliografia sistematica*, en *SW, Coscienza delle contraddizioni presenti nella letteratura francese degli anni trenta (e contraddizioni di una coscienza)* [*SW, Conciencia de las contradicciones presentes en la literatura francesa de los años treinta (y contradicciones de una conciencia)*], Actas de la Accademia delle Scienze dell'Istituto di Bologna, Classe di Scienze Morali, Memorie, Vol. LXXIII (1976-1977), Bolonia, Tipografia Compositori, 1977.

Dentro del debate teórico sobre el pensamiento weiliano, es preciso tener en cuenta el aporte fundamental de la Asociación para el Estudio del Pensamiento de Simone Weil, fundada en 1972 (5, calle Monticelli, París 14). La Asociación publica la revista trimestral *Cahiers Simone Weil*, Tomo I, nº 1, junio de 1978 (Continuación del *Bulletin de liaison de l'Association pour l'étude de la pensée de SW* - nº 1-10, mayo de 1974-enero de 1978).

Sobre Alain

(cit. en el presente texto)

Kahn, Gilbert (comp.), *Alain, philosophe de la culture et théricien de la démocratie* (*Alain, filósofo de la cultura y teórico de la democracia*), (Actas cit., sección Alain), París, Association les Amis d'Alain, 1976.

Reboul, Olivier, *L'Homme et ses passions selon Alain* (*El hombre y sus pasiones según Alain*), II Tomos, Túnez, Presses Universitaires de France, 1968.

Sernin, André, *Alain. Un sage dans la cité* (*Alain. Un sabio en la ciudad*), Biographies sans masques, París, Laffont, 1985.

Índice

Advertencia 5

I. Frente al mundo: la meditación y el desgarramiento 7
II. La fragilidad de ser y el alma del guerrero 17
III. El dominio de la vida frente al ser 33
IV. La resistencia al espíritu de barbarie 47
V. Descifrar el deseo de lo real 65
VI. Los alimentos del sufrimiento y la alegría 85
VII. La muerte en la cúspide de la vida 109
VIII. Ser en todos los aspectos del ser 121
IX. Los absolutos que revelan el amor 135
X. Integrar todas las dimensiones del mundo 161

Notas 175
Datos biográficos 201
Datos bibliográficos 223

Todas las fotos son de Gabriella Fiori o pertenecen a su fototeca personal.

Debo expresar mi reconocimiento a las personas y a las organizaciones siguientes que me dieron testimonios y documentos. Me disculpo de antemano por cualquier olvido involuntario.

Marcelle Ballard, Jean-Loup Bernanos, Jean Biès, Jacques Courriol, Pierre Dantu, Jean-François Detoeuf, Robert Gaillardot, Jacqueline Grenet-Cazamian, Gilbert Kahn, Gilbert Lesage, Camille Marcoux, Simone Martinet, Michel Random, Anne Reynaud-Guérithault, Madre Germaine Roussel, Yvonne Sée-Benedic, Eduardo Volterra, André Weil.

"Amis d'Alain et de Mortagne", en particular a Antoinette Guerrini y Catherine Guimond. "Association pour l'étude de la pensée de Simone Weil", en particular a André A. Devaux. "École normale supérieure", en particular a Françoise Dauphragne y a Pierre Petit-Mengin. "Lycée Henri-IV", en particular a Anne Rivaud.

Quiero agradecer además a Fabienne Bétin, joven italianista en Florencia, por sus consejos de lectura.

Gabriella Fiori

Esta edición de 3.000 ejemplares se terminó de imprimir en Grafinor s.a.
Lamadrid 1576, Villa Ballester, en el mes de febrero de 2006
Ruff´s Graph Producciones, Estados Unidos 1682 3er piso
ruffs@speedy.com.ar